내 아이에게 가장 들려주고픈
이솝 구연 동화
100 가지

세상모든책

엮은이 이옥선

글을 엮은 이옥선 선생님은 1963년 강원도 강릉에서 태어나
그 곳에서 자랐습니다. 가르치는 일이 좋아 대학에서는 국어 교육학을 전공했으나
지금은 글을 쓰는 일이 더 행복하다고 합니다.
1998년 마로니에 전국 여성 백일장에서 장원을 하고,
다음 해 아동문예문학상에 당선되면서 본격적으로 글을 쓰기 시작했습니다.
대표작으로는 〈전화〉 〈사랑의 다리〉 〈엄마의 뜰〉 등이 있습니다.

내 아이에게 가장 들려주고픈 이솝 구연 동화 100가지

| 엮음 | 이옥선　　| 펴낸이 | 이재은　　| 펴낸곳 | 세상모든책
| 기획·편집 | 윤희선, 신은주　　| 디자인 | 이주영　　| 마케팅 | 이주은, 양정길, 유정수, 김용우, 박다혜
| 주소 | 서울시 마포구 서교동 444-16호 영진 빌딩
| 전화 | 02-338-2444　　| 팩스 | 02-338-0902
| E-mail | everybk@hanmail.net　　| Homepage | ieverybook.com
| 초판 1쇄 발행 | 2003년 7월 25일　　| 개정판 3쇄 발행 | 2006년 10월 16일
| 출판등록 | 1997.11.18. 제10-1511호

Text Copyright ⓒ 세상모든책 2003
이 책에 실린 글과 그림을 무단으로 복사, 복제, 배포하는 것은 저작권자의 권리를 침해하는 것입니다.
ISBN 89-5560-083-6 73810

내 아이에게 가장 들려주고픈

이솝 구연 동화
100 가지

세상모든책

책을 읽기 전에

책을 읽어 주는 부모님께!

　우리는 누구나 인생을 한 번쯤 살아보고 그 경험을 바탕으로 다시 한 번 살 수 있는 기회가 주어진다면 좀더 나은 삶을 살 수 있을 거라고 생각합니다. 그러나 어떻게 그런 일이 있을 수 있겠어요? 단지 행복한 삶을 살고자 하는 우리들은 먼저 살아온 어른들의 삶을 보면서 배울 뿐이지요.
　그런 의미에서 이솝 이야기는 참으로 소중합니다. 각각의 이야기마다 우리들이 생활하면서 겪을 수 있는 내용들이 가득 들어 있을 뿐만 아니라, 그 속에 우리들이 배워야 할 교훈들이 숨어 있으니까요.
　수탉을 두려워하는 사자 이야기, 당나귀와 주인 이야기, 양치기와 늑대 이야기, 북풍과 태양 이야기, 말과 당나귀 이야기들은 재미도 있지만, 이 이야기들을 통해 관찰력, 사회성, 탐구심, 창의성, 도덕성도 기를 수 있답니다. 아이들이 자라면서 꼭 필요한 것들을 이솝 이야기로 배울 수 있는 거예요.
　아이들은 항상 호기심어린 눈빛으로 모든 것들을 바라봅니다. 무엇이든지 궁금해하고 알려고 하죠. "왜, 이렇게 되었어? 왜, 그래?"라며 어른들에게 물을 때, 어른들은 아이들이 이해하기 쉽도록 설명해 주어야 합니다. 아이들이 이해하기 힘든 답을 해 줄 때, 동물이 나오는 재미있는 이야기에 빗대어 설명해 주세요. 아이들은 쉽게 이해할 수 있지요.
 또한 무엇보다 중요한 것은 아이들에게 많은 책을 읽어 주면, 아이들 스스로 문제를 해결할 힘을 기를 수 있습니다.

 이야기 하나하나를 읽어 줄 때마다 아이들의 표정을 보세요. 슬그머니 번지는 작은 미소를, 아니 입가에 몽실몽실 피어나는 웃음을 발견할 수 있을 거예요. 자, 얼른 아이들을 무릎에 앉히고, 책을 펼쳐 보세요. 아이의 밝은 웃음을 빨리 보고 싶다면요.

2003년 여름에
이옥선

이야기의 순서

I 관/찰/력/을/길/러/주/는/이/야/기

1. 수탉을 두려워하는 사자 … 12
2. 공작새와 학 … 15
3. 사슴과 덩굴 … 19
4. 두 마리의 개구리 … 22
5. 바다 위의 나뭇단 … 26
6. 헤르메스와 예언자 테레시아스 … 29
7. 도망치는 사람 … 32
8. 아기게와 어미게 … 35
9. 암탉과 제비 … 38
10. 뱀과 족제비와 쥐 … 41
11. 새를 잡는 사람과 독사 … 44
12. 소를 모는 목동과 사자 … 46
13. 크게 우는 작은 개구리 … 49
14. 벼룩과 권투 선수 … 52
15. 노새의 조상 … 55
16. 두 마리 수탉과 독수리 … 58
17. 까마귀와 뱀 … 61
18. 물총새 … 64
19. 여우와 악어 … 67
20. 도시 쥐와 시골 쥐 … 70

II 사/회/성/을/길/러/주/는/이/야/기

21. 장미 정원 … 74
22. 우물에 빠진 천문학자 … 77

23. 웅변가 데마데스 ······················ 80
24. 당나귀와 주인 ······················ 83
25. 개똥지빠귀와 까마귀 ··············· 86
26. 샘물가의 사슴과 사자 ··············· 89
27. 잘난 척하는 모기 ·················· 92
28. 항아리 ····························· 95
29. 거북이와 토끼 ····················· 97
30. 은혜 갚은 생쥐 ··················· 100
31. 사자와 곰 ························ 104
32. 까마귀와 개 ······················ 106
33. 늙은 말 ·························· 108
34. 수탉과 자고새 ···················· 111
35. 초원을 달리는 야생마 ············ 114
36. 제우스 신과 여우 ················· 117
37. 사냥개와 집 지키는 개 ············ 120
38. 모기와 황소 ······················ 122
39. 원숭이와 돌고래 ·················· 125
40. 은혜 갚은 개미 ··················· 128

Ⅲ 탐/구/심/을/길/러/주/는/이/야/기

41. 갈대와 올리브나무 ················ 132
42. 강물에 빠진 소년 ················· 135
43. 개미와 베짱이 ···················· 138
44. 제우스와 거북이 ·················· 142
45. 장미꽃과 아마란스 ················ 146
46. 주인과 암탉 ······················ 149
47. 겁쟁이 노인과 아들 ··············· 152
48. 여우와 염소 ······················ 155

49. 양치기와 새끼늑대 …… 158
50. 거위와 학 …… 161
51. 호기심이 죄 …… 163
52. 순진한 양의 실수 …… 166
53. 당나귀의 헛수고 …… 171
54. 당나귀가 가르쳐 준 교훈 …… 174
55. 은혜를 모르는 늑대 …… 177
56. 벽과 쇠못 …… 181
57. 현명한 여우와 늙은 사자 …… 183
58. 병든 까마귀 …… 186
59. 방울새와 박쥐 …… 189
60. 새들의 왕 …… 191

Ⅳ 창/의/성/을/길/러/주/는/이/야/기

61. 세 마리의 황소와 사자 …… 196
62. 북풍과 태양 …… 200
63. 독수리와 까마귀 그리고 양치기 …… 203
64. 까마귀와 여우 …… 207
65. 당나귀와 매미 …… 210
66. 배부른 여우 …… 212
67. 말의 울음소리를 흉내낸 솔개 …… 215
68. 당나귀와 개와 주인 …… 218
69. 고양이와 병아리 …… 221
70. 지나친 욕심 …… 225
71. 여우와 신 포도 …… 227
72. 전나무와 가시나무 …… 230
73. 여행자와 까마귀 …… 232
74. 달팽이 …… 235

75. 허리가 부러진 여우와 뱀 ⋯⋯⋯⋯ 238
76. 독사와 물뱀 ⋯⋯⋯⋯ 240
77. 굶주린 개 ⋯⋯⋯⋯ 243
78. 박쥐의 변신 ⋯⋯⋯⋯ 246
79. 개구리 의사와 여우 ⋯⋯⋯⋯ 248
80. 소금을 지고 가는 당나귀 ⋯⋯⋯⋯ 251

Ⅴ 도/덕/성/을/길/러/주/는/이/야/기

81. 말과 당나귀 ⋯⋯⋯⋯ 256
82. 말과 마부 ⋯⋯⋯⋯ 259
83. 까마귀와 비둘기 ⋯⋯⋯⋯ 263
84. 고기를 물고 가는 개 ⋯⋯⋯⋯ 267
85. 장난꾸러기 양치기 ⋯⋯⋯⋯ 271
86. 황금알을 낳는 암탉 ⋯⋯⋯⋯ 275
87. 훔친 물건 빼앗기 ⋯⋯⋯⋯ 278
88. 쇠똥구리의 분노 ⋯⋯⋯⋯ 281
89. 염소와 당나귀 ⋯⋯⋯⋯ 284
90. 꿀벌과 제우스 신 ⋯⋯⋯⋯ 287
91. 나무꾼과 헤르메스 ⋯⋯⋯⋯ 290
92. 고양이와 수탉 ⋯⋯⋯⋯ 294
93. 사람을 만든 프로메테우스 ⋯⋯⋯⋯ 297
94. 배신자 ⋯⋯⋯⋯ 299
95. 나이팅게일과 제비 ⋯⋯⋯⋯ 302
96. 죄인과 맹세의 신 ⋯⋯⋯⋯ 305
97. 구두쇠 ⋯⋯⋯⋯ 308
98. 여우와 나무꾼 ⋯⋯⋯⋯ 312
99. 사자가죽을 뒤집어쓴 당나귀 ⋯⋯⋯⋯ 314
100. 당나귀와 수탉과 사자 ⋯⋯⋯⋯ 317

I

관찰력을
길/러/주/는/이/야/기

관/찰/력/을/길/러/주/는/이/야/기

1. 수탉을 두려워하는 사자

알맹이

등장 인물 : **사자, 프로메테우스, 코끼리**　구연 예상 시간 : **3분 50초**

　사자는 동물의 왕이 되고 싶어 프로메테우스에게 부탁했습니다. 프로메테우스는 사자에게 강한 힘과 우람한 체구를 주어 동물들의 왕이 될 수 있도록 도와 주었지요. 그런데 사자는 수탉이 무서워 왕이 될 수 없다며 부끄러워했습니다. 그러던 어느 날, 자신보다 덩치가 더 큰 코끼리가 모기를 무서워한다는 걸 알고 생각을 고치게 됩니다.
　누구나 약한 부분이 있지요. 남이 보면 이해가 안 가지만 자신에게는 힘든 부분이죠. 우리 아이도 그럴 수 있어요. '넌 왜 그러니?' 하고 질책하기보다, 그럴 수 있다고 이해하고 힘을 주는 게 좋겠지요. 프로메테우스는 그리스 신화에 나오는 영웅이에요. 신의 불을 훔쳐다가 인류에게 주었다가 제우스의 노여움을 사서 바위에 묶여 독수리에게 간을 쪼이는 벌을 받았다고 합니다.

　넓고 푸른 들판에 사자가 살고 있었단다. 사자는 동물들의 왕이 되고 싶었어. 그래서 프로메테우스에게 부탁하기로 했지.

애원하는 말투로

　"프로메테우스님, 저를 동물의 왕으로 만들어 주세요. 제 소원을 꼭 들어주세요."

프로메테우스는 사자의 소원을 들어주기로 했어. 사자가 동물의 왕이 되면 잘 할 거라고 생각했던 거지. 생긴 모습도 멋진데다가 힘도 세서 다른 동물들도 잘 따를 것 같았거든.

> 부드러운 말로

"그래, 네 소원을 들어주겠노라."

사자는 뛸 듯이 기뻤어.

"감사합니다. 감사합니다."

사자는 계속 인사를 했지.

프로메테우스는 사자에게 더욱 멋있고 위엄 있는 외모를 주었단다. 그뿐만 아니라 날카로운 이빨과 발톱도 주었어. 그건 다른 어떤 동물들보다도 강한 힘을 지니도록 한 거야. 날카로운 이빨과 발톱이 있다면 모든 동물들이 사자를 무서워할 테니 말이야.

강한 힘과 우람한 몸집을 갖게 된 사자는 동물들의 왕으로서 정말 부족함이 없었단다. 하지만 사자에게는 한 가지 걱정이 있었어.

> 애타는 마음으로

"프로메테우스님, 저에게 강한 힘과 우람한 체구를 주셨지만, 저는 모든 동물의 왕이 될 수 없을 것 같습니다."

프로메테우스는 사자의 말을 이해할 수 없었어.

"또 뭐가 불만이냐? 내가 줄 수 있는 모든 재능을 너에게 주었다. 그런데도 아직 불만이 있단 말이냐?"

프로메테우스는 고개를 갸우뚱거렸어. 아무리 생각해도 사자가 왜 왕이 될 수 없다고 하는지 알 수가 없었지.

부끄러워하며

"저는 바보 같아요. 저는 겁쟁이인걸요. 너무나 부끄러운 얘기지만 저는 무서운 게 있답니다. 그건 바로 수탉이죠. 수탉은 너무너무 무섭답니다."

사자가 얼굴을 붉히면서 말했단다. 사자는 수탉이 별로 힘이 세지 않다는 사실을 잘 알고 있었지만, 그래도 무서운 것은 어쩔 수가 없었어. 그러나 프로메테우스는 사자에게 더 해 줄 것이 없었지.

그러던 어느 날 사자는 지나가던 코끼리와 이런저런 이야기를 나누게 되었단다. 그러다가 코끼리가 귀를 계속 펄럭거리는 것을 보게 되었어.

호기심어린 말투로

"왜 그렇게 자꾸만 귀를 펄럭이죠? 귀를 가만히 놔둘 수 없나요?"

바로 그 순간에 모기가 코끼리의 머리에 앉았지. 그러자 코끼리가 그 큰 몸을 벌벌 떨면서 말했단다.

"아, 저 시끄럽게 앵앵거리는 모기를 보세요. 저 모기가 내 귀로 들어오면 큰일이에요. 난 죽을 거라고요."
코끼리 말을 들은 사자가 한숨을 쉬며 말했어.

<굳은 결심을 한 듯>

"코끼리 말을 듣고 보니 나야말로 부끄러워할 필요가 없는 것 같군. 덩치 큰 코끼리가 저렇게 작은 모기를 두려워하는 걸 보니까 말이야. 내가 수탉을 두려워하는 것도 그리 부끄러운 것만은 아닌 것 같아. 그래도 수탉이 모기보다 더 크고, 더 무서운 존재니까."

관/찰/력/을/길/러/주/는/이/야/기
2. 공작새와 학

알맹이

등장 인물 : **공작새, 다른 새들, 학**　구연 예상 시간 : **4분**

겉모습을 가꾸는 일에 치중하는 사람들이 많지요. 기왕이면 아름다운 것이 좋을 거예요. 그러나 세월이 아무리 바뀌어도 겉모습보다 내면이 더 중요하다는 것은 바뀌지 않는 것 같습니다.

아름다운 깃털을 자랑하고 다니는 공작새가 있었습니다. 다른 새들은 그런 공작새를 부러워했습니다. 어느 날, 공작새는 우아하게 걷고 있는 학을 발

> 견하고, 그 앞에 가서 자신의 깃털을 자랑했지만 학은 전혀 부러워하지 않았습니다. 자신은 하늘 높이 날 수 있지만 공작은 그렇지 못하기 때문입니다.
> 아이에게 공작과 학이 어떻게 다른지, 또 누굴 닮고 싶은지 물어 보세요.

깃털이 무척 아름다운 공작새 한 마리가 살고 있었단다. 반짝반짝 빛나는 공작새의 깃털은 너무나 아름다웠지. 그래서 새들은 모두 공작새를 부러워했어.

<부러워하는 말투로>

"와, 공작새는 어떻게 저런 아름다운 깃털을 가졌을까?"

"정말이야. 나도 저렇게 멋진 깃털을 갖고 싶어."

새들은 모이기만 하면 입을 벌리고 공작새의 깃털을 감상하곤 했지. 그러다 보니 공작새의 콧대는 하늘을 찌를 듯 높아만 갔어.

<뽐내는 말투로>

"흥, 나보다 아름다운 깃털을 가진 새는 세상에 다시는 없을걸."

공작새는 화려한 깃털을 가지고 있다는 사실을 늘 자랑스럽게 생각했단다. 그래서 깃털을 다듬는 일에 아주 많은 시간을 들였지.

공작새는 예쁜 깃털을 자랑하고 싶은 마음도 많았어. 그래서 다른 새들을 만나기만 하면 이렇게 말했단다.

> 무시하는 말투로

"너희들은 그것도 깃털이라고 가지고 다니니? 너희들은 창피해서 어떻게 그런 깃털을 가지고 다닐 수 있니? 내 깃털을 봐. 얼마나 아름답니?"

공작새는 자기 자랑을 늘어놓았지. 새들은 공작새의 아름다운 깃털을 부러워했어. 하지만 자기 자랑만 하는 공작새가 좋진 않았어. 그렇게 잘난 체를 했으니 누가 좋아했겠니?

> 심술난 투로

"피, 잘난 척은. 자기 깃털이 아름다우면 아름다웠지, 우리 깃털을 가지고 왜 난리야? 기가 막혀서!"

그러던 어느 날이었어.

> 눈을 지그시 감고 황홀한 모습에 취한 듯

공작새가 물을 마시기 위해 강가로 걸어가고 있었단다. 그런데 그 곳에서 처음 보는 새 한 마리를 발견했어. 그 새는 목과 다리가 아주 가늘고 길었단다. 그 새는 강가를 아주 천천히 우아하게 거닐고 있었어.

> 아이에게 새의 이름을 짐작해 보도록 해 주세요.

그 새가 어떤 새였을 것 같니?

공작새는 그 새를 보자 자기 깃털을 자랑하고 싶었어. 그래서 깃털을 세우고 그 새에게 다가갔단다.

"넌 이름이 뭐니? 처음 보는데……."

가늘고 긴 다리를 가진 그 새는 얼굴에 살짝 미소를 지으며 말했어.

"난 학이란다."

학은 공작새를 보고도 보는 둥 마는 둥 했어. 그러고는 여전히 천천히 강가를 거니는 거야. 공작새는 기분이 상했단다. 그래서 화려한 깃털을 더 활짝 펼쳐 보이며 말했어.

잘난 척하는 말투로

"그래? 난 공작새야. 그런데 넌 내 깃털을 보고도 놀라지 않니? 자, 내 깃털을 보렴. 내 깃털을 본 새들은 모두들 부러워하고 감탄하거든. 난 황금색과 무지개색의 깃털을 가지고 있지. 그런데 네 날개 색깔은 왜 그 모양이니?"

그러자 학이 싱긋이 웃으면서 말했단다.

"네가 공작새라는 건 알아. 네 깃털은 정말 아름다워. 그렇지만 난 네가 하나도 부럽지 않은걸. 나는 하늘 높이 날아다니면서 별과 친구가 되기도 하고, 세상의 아름다운 곳을 여행하기도 하지. 그런데 넌 그 깃털로 뭘 하지? 기껏해야 다른 새들에게 자랑하는 것뿐이잖아."

학의 말에 공작새는 부끄러웠어. 단지, 아름다운 깃털로 얼굴을 가릴 수밖에 없었단다.

관/찰/력/을/길/러/주/는/이/야/기
3. 사슴과 덩굴

> **알맹이**
>
> 등장 인물 : **사슴, 사냥꾼**　구연 예상 시간 : **3분 40초**
>
> 　사람이 화장실에 갈 때와 올 때, 마음이 다르죠? 상황이 바뀌었다고 해서 금방 변해 버리면 안 되는데 말입니다.
> 　사냥꾼에게 쫓기던 사슴이 덩굴을 발견하고 숨었습니다. 덕분에 살아날 수 있었죠. 그런데 그 덩굴의 잎이 맛있는 먹이였어요. 마침 배가 고팠던 사슴은 그 잎을 따먹다가 결국 사냥꾼에게 잡히고 말았답니다.

　어느 날, 사슴 한 마리가 사냥꾼에게 쫓기고 있었단다. 사슴이 기분 좋게 산책을 하는데 그만 사냥꾼의 눈에 띈 거야.

뛰는 시늉을 하며

　"아이쿠! 큰일났구나. 일단 뛰고 보자."
　사슴은 걸음아 날 살려라, 하고 달리기 시작했어. 헉헉, 숨이 찼지만 멈출 수가 없었지. 뒤에서 사냥꾼이 쫓아오고 있었으니까.
　잽싸게 도망가던 사슴은 무성한 덩굴이 있는 곳을 발견했단다.

>반가운 듯이

"옳지, 저 곳이 좋겠다!"

사슴은 숨을 헐떡이면서 그 덩굴 속으로 몸을 숨겼어. 다행히 덩굴은 아주 무성하게 자라 있었기 때문에 몸을 숨기기에는 좋았어.

>한숨을 내쉬며

"휴우, 나를 발견하지 못하겠지."

사슴은 뛰는 가슴을 쓸어 내리며 살짝 덩굴 밖을 내다보았단다.

"투구덕, 투구덕, 투구덕……."

사냥꾼이 달려오는 소리가 들렸어. 그러나 사냥꾼은 덩굴 속에 숨어 버린 사슴을 발견할 수 없었지.

"제발 그냥 지나가야 할 텐데……."

사슴은 가슴이 두근거렸어.

>답답하다는 듯이 고개를 갸우뚱거리며

"사슴이 어디로 간 거지? 분명 이쪽으로 온 것 같은데……."

사냥꾼은 아쉽다는 듯이 발을 동동 굴렀어.

"저쪽으로 가 볼까?"

그러더니 덩굴을 그냥 지나쳤어. 사냥꾼이 다른 곳으로 가 버리자 사슴은 겨우 안심할 수 있었단다.

> 한숨을 푹 쉬며

"휴우, 이제 살았어!"

사슴은 숨을 돌리며 주위를 살펴보았어. 그런데 사슴의 몸을 숨겨 준 덩굴 잎은 사슴이 평소에 아주 좋아했던 먹이였어.

> 활짝 웃으며

"어, 맛있는 잎이구나. 마침, 배가 고팠는데 잘 됐다. 이 잎을 따먹어야지."

사슴은 덩굴 잎을 정신 없이 따먹기 시작했어. 아주 맛있게 먹었단다.

그런데 그 때, 사냥꾼은 사슴이 사라진 덩굴 근처를 헤매고 있었어. 분명히 그 어디쯤 있을 것 같았거든.

"바스락, 바스락."

덩굴 속에서 이상한 소리가 들리는 거야.

> 호기심이 담긴 목소리로

"어? 이게 무슨 소리지?"

사냥꾼은 귀를 쫑긋 세웠단다. 그리고 소리나는 쪽으로 되돌아왔어.

"냠냠, 맛있다. 정말 맛있다."

사슴은 사냥꾼이 돌아온 줄도 모르고 계속 덩굴 잎을 따먹고 있었지.

"하하, 요 녀석 봐라. 이 곳에 숨어 있었구나."

사냥꾼은 바스락거리는 소리가 나는 곳을 향해 화살을 쏘았어. 그 화살은 사슴의 가슴 한복판을 맞추었지.

사슴은 가슴에 화살을 맞고 쓰러지면서 자기의 잘못을 뉘우쳤단다.

깊은 한숨을 쉬며

"다 내 잘못이구나. 나를 숨겨 주었던 덩굴 잎을 따먹었으니!"

사냥꾼은 사슴을 어깨에 메고 씩씩하게 걸어 내려갔단다.

관/찰/력/을/길/러/주/는/이/야/기

4. 두 마리의 개구리

알맹이

등장 인물 : 웅덩이에서 사는 개구리, 연못에서 사는 개구리   구연 예상 시간 : 3분 40초

깨끗한 연못에서 사는 개구리가 더러운 웅덩이에서 사는 개구리를 찾아 갔다가 그 곳이 너무 더럽고 위험한 곳임을 알고 자신이 사는 깨끗한 연못으로 가자고 설득했습니다. 그러나 변화를 두려워하고 옮기기를 귀찮게 여기던 웅덩이 개구리는 결국 죽게 됩니다. 웅덩이에 살던 개구리가 왜 죽게 되었는지 아이들이 생각해 보게 하고, 또 만약 자신이 웅덩이 개구리라면 어떻게 하겠는지도 생각해 보게 하여 이야기를 나누어 보세요.

개구리 두 마리가 살고 있었어.

한 마리는 마차가 다니는 길가의 웅덩이에서 살았고, 다른 한 마리는 길에서 멀리 떨어진 곳에 있는 깨끗한 연못에서 살았지.

어느 날 숲 속의 연못에서 사는 개구리가 길가의 웅덩이에 사는 개구리를 찾아갔단다. 오랫동안 못 봐서 너무너무 보고 싶었거든.

"어이, 친구, 반갑네."

연못에 사는 개구리가 웅덩이에 사는 개구리에게 반갑게 인사했어.

"어서 오게. 그러지 않아도 기다리고 있었네."

웅덩이에 사는 개구리도 뛰어나와 친구를 맞아 주었지.

그 때였어.

시끄러운 소리로

"덜컹, 덜컹, 덜컹……."

커다란 마차가 먼지를 풀풀 날리며 지나갔어. 바로 옆에서 말이야.

연못에 사는 개구리는 웅덩이에 사는 개구리가 너무 힘들게 사는 것 같아 마음이 아팠단다. 거긴 너무 시끄럽고 더러워 보였기 때문이야. 그래서 자기의 연못으로 가서 함께 살자고 졸랐단다.

> 타이르듯 부드러운 말투로

"여기는 길가라 너무 위험해. 마차도 너무 자주 지나다니고 말이야. 잘못 해서 마차에 치여서 죽으면 어떻게 할 거야? 그리고 여기는 물도 조금밖에 없고 몹시 더러워서 병에 걸리기 딱 좋겠어. 자네는 왜 이런 곳에서 살고 있나? 내가 사는 연못은 아주 깨끗하다네. 여기처럼 지나다니는 마차를 피해야 하는 걱정도 없고 말이야."

연못에 사는 개구리는 웅덩이에 사는 개구리를 진심으로 걱정하면서 자신과 함께 살자고 했어.

하지만 웅덩이에 사는 개구리는 별로 좋아하지 않았어.

> 마지못해

"한번 생각해 보겠네."

웅덩이에 사는 개구리는 억지로 대답했지.

얼마 후에 연못에 사는 개구리는 집으로 돌아왔어. 그런데 집에 와서도 자꾸만 웅덩이에 사는 친구 개구리가 걱정이 되지 않겠니?

그래서 며칠 후에 연못에 사는 개구리는 웅덩이에 사는 개구리를 다시 찾아갔단다.

> 씩씩한 말투로

"생각을 좀 해 보았나? 이렇게 위험한 곳에서 사는 것보다는 연못에서 사는 게 훨씬 낫지."

그러나 웅덩이에 사는 개구리는 고개를 흔들면서 연못에 사는 개구리의 말을 들으려고 하지 않았어.

>귀찮고 피곤한 듯

"아니야. 나는 아무래도 그냥 여기에서 사는 게 좋겠어. 연못이 살기 좋다는 것은 나도 잘 알고 있어. 하지만 내가 너무나 잘 알고 있고, 항상 우리 집이라고 부르던 고장을 떠나서 낯선 고장으로 이사를 간다는 게 너무 귀찮은 일인 것 같아."

연못에 사는 개구리는 기가 막혔어. 그래서 이렇게 말했지.

>안타까워하며 애원하듯

"아니, 이 친구야, 귀찮다고 해서 이렇게 위험한 곳에서 살겠다는 거야? 살기 좋은 연못이 가까운 곳에 있는데도 말이야?"

그러나 웅덩이에서 사는 개구리는 귀찮아하며 친구의 말을 들으려고 하지 않았어. 연못에서 사는 개구리는 어쩔 수 없이 자신이 사는 연못으로 돌아갔단다.

얼마 후에 웅덩이에서 사는 개구리는 결국 마차의 수레바퀴에 깔려서 죽고 말았다지 뭐니.

관/찰/력/을/길/러/주/는/이/야/기
5. 바다 위의 나뭇단

알맹이

등장 인물 : 바닷가를 걷는 사람 세 명   구연 예상 시간 : **3분**

제대로 알지도 못하고 지레짐작하여 일을 그르치는 경우가 많지요. 겁을 먹는다든가, 화를 낸다든가, 엉뚱한 무엇을 준비한다든가……. 모든 일에 좀더 신중하고 침착할 필요가 있는 것 같습니다. 우리 아이들도 어려서부터 그런 생활 습관을 기르는 것이 좋겠지요.
이 이야기를 들려주고 아이가 느낄 수 있도록 해 주세요.
바닷가를 걷던 사람들이 절벽을 발견하고 좀더 멀리 보기 위하여 그 위로 올라갔습니다. 마침 바다에는 나뭇단이 둥둥 떠다니고 있었는데 사람들은 그것을 보고 엉뚱한 기대를 하며 기다리지만, 결국 나뭇단에 불과하다는 걸 알고 실망하게 됩니다.

사람들이 바닷가를 걷고 있었어.

그들은 파도 소리와 갈매기들의 노랫소리를 들으면서 천천히 걷고 있었지.

목소리를 서로 달리 하여

"바다는 언제 봐도 좋단 말이야. 가슴이 다 시원해지잖아."
"파도 소리 좀 들어 보게. 멋지지 않은가?"

"갈매기 노랫소리는 또 어떻고."

그들은 바다 경치를 즐기며 발길이 닿는 대로 걸었지.

그렇게 한참을 걷다가 높은 절벽을 발견했단다.

"저렇게 높은 절벽은 처음일세, 그려."

"저 곳에 올라가면 먼 곳까지 다 보이겠지?"

"우리 한번 올라가 볼까?"

그래서 그들은 절벽 꼭대기까지 올라가 보기로 했어. 그 곳에 올라가면 멀리 있는 바다도 보이고, 또 무엇인가 새로운 것이 보일지도 모른다고 생각했던 거지.

"아유, 힘들어. 낑낑."

"미끄러워서 죽겠네, 낑낑."

그 사람들은 가파른 절벽을 낑낑거리며 올라가서 마침내 꼭대기에 도착했단다.

손 차양을 하고 멀리 바라보는 척하세요.

"어디 한번 볼까?"

멀리 보이는 바다 위에는 검은 물체가 둥둥 떠다니고 있었어. 그것은 다름 아닌 나뭇가지를 묶어 놓은 나뭇단이었단다. 하지만 사람들은 그 검은 물체를 보고 깜짝 놀랐어.

깜짝 놀라며

"저게 뭘까?"

"다른 나라에서 보낸 군함이 아닐까? 우리 나라를 침략하기 위해서 말이야."

"그럴지도 몰라. 어떻게 하면 좋지?"

그들은 몹시 두려워하면서 그 물체를 계속 살펴보았단다. 우습지 않니?

그러는 동안 나뭇단은 파도에 밀려 점점 더 가까이 다가왔어.

사람들은 그 검은 물체가 생각한 것보다 훨씬 작은 것을 보고 이번에는 아마 화물선일 거라고 생각했어.

자신 있게 손뼉까지 치며

"저건 먼 나라에서 온 화물선일 거야."

"그래, 분명히 신기한 물건들이 잔뜩 실려 있겠지."

마침내 검은 물체가 아주 가까이 다가왔단다.

그것을 지켜보고 있던 사람들은 화물선을 맞이하기 위해 서둘러 절벽 꼭대기에서 바닷가로 내려왔단다.

얼마 후 바닷가에 도착한 사람들은 그것이 한 뭉치의 나뭇가지에 불과하다는 사실을 알게 되었어.

그들은 스스로의 어리석음을 한탄하면서 입을 모아 이렇게 말했지.

"아무것도 아닌 것을 그토록 애타게 기다리다니! 우리는 참 어리석었어."

관/찰/력/을/길/러/주/는/이/야/기

6. 헤르메스와 예언자 테레시아스

알맹이

등장 인물 : **헤르메스, 테레시아스**   구연 예상 시간 : **3분 30초**

헤르메스가 새들이 날아가는 모양을 보고 점을 치는 테레시아스의 능력을 시험하기 위해 그의 가축들을 몰래 감추어 놓았습니다. 테레시아스는 헤르메스가 까마귀의 몸짓을 설명하는 것을 듣고 범인이 헤르메스임을 알아맞힙니다.

헤르메스는 얼마나 머쓱했을까요? 헤르메스의 기분이 어떠했을지 아이에게 생각해 보게 하고 말로 표현해 보도록 해 보세요.

신처럼 신비스러운 분위기로

"테베에 사는 테레시아스라는 사람의 예언이 그렇게 용하다지?"

"그렇다네요. 눈이 멀어서 앞도 못 보는 사람이 예언을 잘 하기로 소문이 자자하더군요."

"거, 신통한지고."

하늘에서 신들이 말했어. 테레시아스라는 예언자의 소문이 하늘에 있는 신들에게까지 퍼진 거야.

어느 날 헤르메스는 테레시아스가 가지고 있는 예언의 힘을 시험해 보고 싶었단다.

테레시아스는 비록 육체의 눈이 멀어서 앞이 보이지는 않았지만, 뛰어난 지혜를 지니고 있어서 새들이 날아가는 모습을 통해 미래를 점치는 신기한 능력을 갖고 있었거든.

헤르메스는 그 능력을 시험하기 위해, 사람으로 변장을 하고 테레시아스의 집으로 내려왔어.

>고개를 갸우뚱거리며

'어떻게 하면 테레시아스의 능력을 시험해 볼 수 있을까?'
헤르메스는 생각했단다.

그 때, 마당에서 놀고 있는 가축들이 보였어. 강아지, 고양이, 병아리……

>손뼉을 짝, 치며

'옳지, 그러면 되겠구나.'

헤르메스는 그 가축들을 훔쳐다가 다른 곳에 숨겨 놓았단다. 그리고 테레시아스의 집으로 찾아가서 시치미를 뚝 떼고 말했지.

"테레시아스! 당신의 가축들이 몽땅 없어졌습니다."

그리고는 테레시아스의 표정을 살폈지. 테레시아스는 아무 말 없이 잠자코 있었어.

"당신은 능력 있는 사람이니 누가 가축들을 훔쳐 갔는지 알 수 있겠지요?"

헤르메스는 계속 시치미를 떼고 말했단다. 잠자코 있던 테레시아스는 그제서야 점잖게 말했어.

"날 따라오시오!"

테레시아스는 새들의 움직임으로 점을 보기 위해 헤르메스를 데리고 숲 속으로 갔단다.

그리고 헤르메스에게 물었어.

> 근엄하게

"어떤 새를 보았습니까?"

테레시아스는 앞을 볼 수 없었기 때문에 대신 물은 거야.

"지금 독수리 한 마리가 왼쪽에서 오른쪽으로 날아가고 있습니다."

헤르메스가 대답했어.

"그것은 우리의 일과는 아무런 관계가 없습니다."

테레시아스는 이렇게 말했어.

그리고 잠시 후에 다시 헤르메스에게 물었어.

"지금은 어떤 새가 보입니까?"

이번에는 까마귀 한 마리가 나무 위에 앉아 있는 모습이 보였어. 그것을 본 헤르메스는 그 새의 몸짓을 자세하게 설명해 주었단다.

> 까마귀처럼 날갯짓을 하면서

"까마귀가 눈을 들어서 하늘을 쳐다보고는 태양을 향해 목을 빼더니 우리를 쳐다보면서 울고 있습니다."

테레시아스는 알았다는 듯이 미소를 지으면서 헤르메스에게 말했지.

> 비웃듯이

"그렇습니까? 이 새는 땅과 하늘을 걸고서 오직 당신만이 내 가축을 돌려 줄 수 있다고 말하고 있군요."

관/찰/력/을/길/러/주/는/이/야/기

7. 도망치는 사람

알맹이

등장 인물 : 도둑, 사람들 **구연 예상 시간 : 3분 20초**

어떤 도둑이 물건을 훔치러 갔다가 집 주인을 칼로 찔러 죽이고 그 가족들에게 쫓기게 되었습니다. 한참 도망기던 도둑은 사람들을 따돌렸다고 생각하고 있는데 앞에 늑대가 나타났습니다. 늑대를 피해서 돌아가기엔 사람들이 걸리고……. 하는 수 없이 나무 위로 올라갔지만 그 곳에는 뱀이, 그래서 물로 뛰어내렸지만 그 곳에는 또 악어가 버티고 있었습니다. 아이들에게 도둑이 어떻게 하면 이 궁지에서 빠져 나올 수 있을까, 생각해 보게 하세요. 또 왜 그런 궁지에 몰리게 되었는지도 생각해 보게 하여 사전에 이런 일이 생기지 않도록 하는 것이 최우선이라는 것도 알게 해 주면 좋겠네요.

어느 도둑이 있었어. 도둑은 밤이 되기만을 기다렸지.

"빨리 밤이 되어야 할 텐데."

밤이 되어 세상이 온통 캄캄해지면 도둑질을 하려고 계획하고 있었거든. 밤이 되면 사람들은 모두 잠을 잘 테니까.

드디어 밤이 되었어.

> 숨을 죽이고 살금살금 걷는 척하세요.

살금살금, 도둑은 물건을 훔치기 위해 어떤 집으로 들어갔단다. 모두들 잠든 조용한 집이었지.

'값진 보석들을 어디다 숨겨 놓았을까?'

도둑은 살금살금 돌아다니며 이것저것 뒤져 보았어. 그러다가 그만 주인의 발을 밟고 말았단다. 주인이 부시시 일어나자 도둑은 깜짝 놀랐지.

'어쩌지? 들키면 끝장인데.'

당황한 도둑은 그만 주인을 칼로 찔러서 다치게 하고 말았단다.

"아얏!"

주인이 비명을 질렀어.

겁에 질린 도둑은 서둘러 그 자리에서 달아났단다. 하지만 가족들이 도둑을 그냥 두었겠니?

> 다급하게 소리지르며

"도둑이다, 잡아라!"

그 집 사람들은 마구마구 소리를 지르며 도둑을 뒤쫓아갔단다. 도둑도 사람들에게 잡히지 않기 위해 숨을 헐떡거리며 있는 힘을 다해 도망쳤어.

숨을 헐떡이며

"헉헉, 헉헉!"

한참을 도망친 도둑은 마을을 겨우겨우 빠져 나올 수 있었단다. 도둑은 뒤로 돌아 뒤쫓아오는 사람들이 있는지 살펴보았지. 다행히 따라오는 사람이 아무도 없었어.

도둑은 따라오는 사람들을 멀리 따돌렸다고 생각하면서 겨우 안심할 수 있었단다.

숨을 몰아쉬며

"정말 다행이야. 만약 사람들에게 잡혔다면 지금쯤 어떻게 되었을까?"

그런데 말야, 이를 어쩌니? 갑자기 늑대가 나타난 거야.

겁에 질린 척 소리치세요.

"앗, 늑대다."

도둑이 소리쳤어. 그런데 이를 어쩌니?

늑대를 피하려면 다시 사람들이 있는 마을 쪽으로 도망가야만 했어. 하지만 도둑은 늑대를 피해 마을로 되돌아갈 수도 없었지. 마을 사람들에게 붙잡히면 끝장이니까.

   도둑은 어쩔 수 없이 물가에 있는 나무 위로 성큼성큼 기어올라갔단다.

간교한 목소리로

   "어서 오너라. 네가 오늘 내 밥이구나."

   그 곳에는 커다란 뱀이 혀를 날름거리고 있었어.

   "이런! 이번에는 뱀이잖아."

   도둑은 어쩔 수 없이 강물 속으로 뛰어내렸단다. 그러자 이번에는 강물 속에 살고 있던 악어가 달려드는 거야.

   도둑은 비명을 지르면서 한탄했단다.

   "아, 결국은 이렇게 벌을 받고 마는구나!"

관/찰/력/을/길/러/주/는/이/야/기

8. 아기게와 어미게

알맹이

등장 인물 : **어미게, 아기게**   구연 예상 시간 : **3분**

아이가 하는 말이나 행동이 나와 많이 닮아 있을 때, 놀라게 되지 않으세

> 요? 아차, 싫잖아요. 그래서 더 조심하게 되고요. 이 이야기를 통해 자신을 돌아보는 기회로 삼았으면 좋겠습니다.
>
> 엄마게가 아기게를 데리고 모래밭으로 가서 걷는 연습을 시켰습니다. 그런데 아기게가 자꾸만 옆으로 걷는 거예요. 엄마게는 아기게를 야단치며 시범을 보여 줬습니다. 아기게는 엄마게가 시범을 보인 대로 열심히 따라 했지만 엄마게는 아기게에게 옆으로 걷는다고 자꾸만 야단을 칩니다. 자신이 옆으로 걷고 있는 사실을 몰랐던 거죠.

바닷가에 게가 살고 있었어. 게는 바위틈에서 새끼를 낳아 기르고 있었지.

따뜻한 햇살이 비치는 어느 날이었어. 어미게는 아기게를 데리고 밖으로 나갔단다. 어미게가 아기게를 사랑스럽게 내려다보면서 말했어.

아이 머리를 쓰다듬어 주며

"얘야, 오늘은 날씨가 참 좋구나. 엄마와 함께 모래밭으로 산책을 나가자."

어미게는 아기게를 데리고 모래밭으로 나갔지.

그런데 이게 웬일이야! 아기게가 자꾸만 옆으로 걷는 게 아니겠어?

걱정이 된 어미게가 아기게를 나무랐어.

"아가, 그렇게 걸으면 못써. 자, 엄마를 따라서 이렇게 걸어 보렴."

어미게는 아기게에게 자신이 걷는 모습을 보여 주었지. 그리고 아기게가 걷는 모습을 지켜보았단다. 그런데 아기게는 여전히 옆으로 걷는 거야.

어미게가 아기게를 야단치면서 다시 말했어.

손으로 게처럼 옆으로 걷는 시늉을 하며

"그렇게 걷지 말라니까. 자, 엄마를 따라서 이렇게 걸으란 말이야."

어미게는 아기게에게 자신이 걷는 모습을 보여 주고는 다시 아기게가 걷는 모습을 물끄러미 지켜보았단다. 그러나 아기게는 여전히 옆으로만 걸었어.

짜증스럽게

"아가야! 대체 왜 그러는 거야. 그렇게 옆으로 걷지 말고 엄마처럼 이렇게 똑바로 걸으라고! 이렇게!"

글쎄, 어미게는 자기가 옆으로 걷고 있는 줄도 모르고 아기게에게 열심히 시범을 보였단다.

아기게는 눈물을 글썽이며 어미게가 걷는 모습을 열심히 바라보았지.

어미게는 시범을 보인 후에 다시 아기게에게 걸어 보라고 시켰어. 그러나 아기게는 이번에도 옆으로 걷는 거야.

어미게는 화가 났어.

화난 목소리로

"애야! 내가 옆으로 걷지 말라고 몇 번이나 말해야 알아듣겠니? 똑바로 걷는 걸 왜 못 하니?"

그러자 아기게가 대답했단다.

아기처럼 귀여운 목소리로

"엄마, 나는 엄마가 가르치는 대로 열심히 따라 하고 있어요. 자, 보세요. 엄마가 걸어온 발자국하고 제가 걸어온 발자국하고 똑같잖아요."

어미게는 모래밭에 난 발자국을 살펴보았어.

"아니, 이게 어떻게 된 거야?"

어미게는 깜짝 놀랐단다. 모래밭에는 아기게 말대로 똑같은 발자국 두 쌍이 나란히 찍혀 있었던 거야.

어미게는 얼굴이 빨개질 수밖에 없었어.

관/찰/력/을/길/러/주/는/이/야/기

9. 암탉과 제비

알맹이

등장 인물 : **암탉, 제비**   구연 예상 시간 : **2분 40초**

> 알을 잃어버려 슬픔에 빠진 암탉이 있었습니다. 암탉은 자신의 알을 찾아 헤매다가 뱀의 알을 발견하고 가져다가 자신의 알처럼 소중하게 여기며 품어 줍니다. 이것을 안 제비는 뱀이 깨어나면 가장 먼저 암탉을 잡아먹을 거라며 충고합니다.
> 때로는 감정이 이성을 지배하기도 합니다. 그러나 감정이 이성보다 앞서는 건 매우 위험한 일이지요. 아이와 이야기의 뒷부분을 만들어 보면 더 유익할 것입니다.

자기가 낳은 알을 잃어버린 암탉이 있었어. 애지중지하던 알이 없어지자, 암탉은 큰 슬픔에 빠졌단다.

〔슬프고 안타까운 표정으로〕

"흑흑, 내 알! 내 알! 내 알은 어디 갔을까?"

암탉은 매일매일 잃어버린 알을 생각하면서 여기저기 찾으러 돌아다니고 있었어.

"내 알은 어디 있을까? 내 알은 어디 있을까?"

암탉은 혹시 알을 다시 찾을 수 있지 않을까 샅샅이 살펴보았지.

그러다가 자신의 알과 비슷하게 생긴 하얀 알 하나를 발견했단다.

"아니! 이건 누구 알일까?"

암탉은 깜짝 놀라서 주위를 살펴보았단다. 알고 보니 그것은 뱀의 둥지에서 굴러 나온 알이었어.

암탉은 그것이 비록 다른 동물의 알이었지만 소중하게 키워 보고 싶었단다. 동그란 모습은 아주 비슷했거든. 잃어버린 알이 얼마나 그리웠으면 그랬겠니?

〖조심스러워하는 작은 목소리로〗

"조심조심."

암탉은 알이 깨질까 봐 조심조심하며 하얀 알을 자신의 둥지로 가져갔어.

〖노래를 부르듯 리듬감 있게〗

"알아, 알아, 예쁜 알아!"

암탉은 알을 소중하게 품었어.

"무럭무럭 자라거라!"

그 날부터 암탉은 날마다 정성스럽게 뱀의 알을 품으면서 마치 자신의 알을 대하듯 따뜻하게 해 주었단다.

그런데 처마 밑에 살고 있던 제비가 우연히 그 알이 뱀의 알이라는 사실을 알게 되었어.

〖어이없어하며〗

"암탉아, 네가 지금 품고 있는 알이 뱀의 알이라는 게 정말이니?"

제비는 눈을 동그랗게 뜨고 도저히 믿을 수 없다는 표정으로 물었어.

씩씩하고 당당하게

"그래, 맞아. 하지만 뱀의 알이면 어떠니? 내가 정성스럽게 키우기만 하면 내 자식이나 다름없을 거야."

암탉은 아무렇지도 않은 듯이 대답했어. 그러자 제비는 한심하다는 듯 혀를 차며 말했단다.

"넌 정말 바보구나! 알에서 깨어나면 제일 먼저 너를 해칠 텐데, 도대체 뱀을 왜 품어 주는 거지?"

관/찰/력/을/길/러/주/는/이/야/기
10. 뱀과 족제비와 쥐

알맹이

등장 인물 : 뱀, 족제비, 생쥐   구연 예상 시간 : 2분 10초

싸움 구경 해 본 적 있으세요? 처음엔 안타깝다가 나중에는 재미있잖아요. 누가 이길까, 궁금하기도 하고.

생쥐들이 그랬어요. 한집에 살던 뱀과 족제비 사이에 큰 싸움이 벌어졌는데, 처음엔 무서워서 벌벌 떨다가 나중에 모두 나와서 응원까지 해 가며 구경을 했지요. 격렬하게 싸우던 뱀과 족제비는 그런 생쥐들을 발견하고 싸우던 일은 까맣게 잊은 채 그들을 잡아먹기 위해 덤벼들었죠.

그 다음은 어떻게 되었을까, 아이들에게 상상해서 이야기를 만들게 하세요.

〈손가락을 하나, 둘, 셋, 꼽으며〉

뱀과 족제비와 쥐가 한집에 살고 있었단다.

〈생쥐처럼 작고 귀여운 목소리로〉

"아이, 무서워. 오늘도 무사히 넘겨야 할 텐데……."

몸집이 작고 힘이 없는 생쥐는 뱀과 족제비에게 잡아먹힐까 봐 늘 두려움에 떨면서 지내야 했어. 뱀과 족제비는 똑같이 쥐를 잡아먹었기 때문에 먹이를 놓고 언제나 으르렁거렸단다.

그러던 어느 날이었어. 뱀과 족제비 사이에 큰 싸움이 벌어졌단다.

"어디, 덤벼 봐. 내 오늘 끝장을 내주겠다."

뱀이 혀를 낼름거리며 말했어.

"끝장을 내주겠다고? 웃기고 있네. 끝장은 내가 내주지."

족제비도 지지 않고 덤볐지. 치고, 박고…….

싸움은 아주 격렬했단다. 둘 중에 어느 한쪽이 죽거나 도망치지 않으면 결코 끝날 것 같지 않았어.

〈덜덜덜 떨면서〉

"이게 무슨 일이야? 아유, 무서워."

"무서워 죽겠어."

날마다 뱀과 족제비에게 시달림을 당하던 쥐들은 처음에는 그들이 싸우는 소리를 듣고 무서워서 벌벌 떨었어.

하지만 시간이 흐르자 쥐들은 한두 마리씩 구멍 밖으로 나와서 뱀과 족제비의 싸움을 구경하게 되었단다.

뱀과 족제비의 싸움이 더 치열해지자, 신이 난 쥐들은 모두 마음놓고 응원까지 하기 시작했어.

> 박수를 치며 큰 소리로

"뱀, 이겨라!"

"족제비, 이겨라!"

"뱀, 이겨라!"

"족제비, 이겨라!"

싸움은 계속되었단다.

"아무래도 뱀이 이기겠는걸."

"무슨 소리야? 족제비가 이길 것 같은데. 뱀은 벌써 많이 다쳤다고."

쥐들은 싸움을 보면서 시끄럽게 떠들었어. 어떤 쥐들은 내기를 걸기도 했지.

한참 동안이나 정신 없이 싸우던 뱀과 족제비는 시끄러운 소리에 문득 주위를 둘러보았단다. 그리고 밖으로 몰려 나와서 구경하고 있는 쥐들을 발견했지.

그 다음에 어떻게 했을까?

서로 싸우던 것은 까맣게 잊어버리고 쥐들을 향해 덤벼들기 시작했다는구나.

관/찰/력/을/길/러/주/는/이/야/기
11. 새를 잡는 사람과 독사

> **알맹이**
>
> 등장 인물 : **사냥꾼, 개똥지빠귀, 뱀**   구연 예상 시간 : **2분 10초**
>
> 어느 한 가지 일에 너무 몰두하다 보면 다른 중요한 일을 놓치기가 쉽지요. 요즘 아이들은 컴퓨터 게임에 잘 빠지잖아요. 그런 단점들을 이 이야기를 통해 고쳐 보세요.
> 새 사냥꾼이 있었습니다. 그는 어떻게 하면 새를 더 많이 잡을 수 있을까 연구하다가 정작 발 밑에 있는 뱀에게 물리고 맙니다. 그러고는 자신의 어리석음을 탄식하죠.

어느 마을에 새를 잡는 사냥꾼이 살고 있었단다.

새 사냥꾼은 날마다 산으로 들로 다니며 많은 새들을 잡았어. 그리고 언제나 더 많은 새를 잡을 수 있는 방법에 대해 열심히 연구했단다.

그러던 어느 날이었어. 사냥꾼에게 새를 많이 잡을 수 있는 좋은 생각이 떠오른 거야.

엄지와 가운뎃손가락을 부딪쳐 소리를 내며

"그래, 바로 그거야!"

새 사냥꾼은 기다란 장대 끝에 끈끈이를 잔뜩 바르고 새를 잡기 위해 숲 속으로 들어갔어.

"이 방법이라면 많은 새를 손쉽게 잡을 수 있을 거야."

새 사냥꾼은 흐뭇한 미소를 지으며 새가 있을 만한 곳을 살펴보았단다.

그러다가 높은 나뭇가지 위에 앉아 있는 개똥지빠귀를 발견했어.

"좋아! 저 새를 잡아야지."

새 사냥꾼은 끈끈이를 잔뜩 바른 장대를 개똥지빠귀가 앉아 있는 나뭇가지 근처에 올려놓고 숨어서 지켜보았어.

<단단히 벼르듯 이를 악물고>

"어디, 걸려들기만 해 봐라."

개똥지빠귀가 덫에 걸려들기를 기다리면서 새 사냥꾼은 꼼짝도 하지 않았어. 그런데 좀처럼 걸려들지 않는 거야.

그런데 갑자기 다리가 따끔했단다.

"아얏!"

새 사냥꾼은 소리를 질렀어.

나무 위에만 신경을 쓰고 있던 새 사냥꾼은 자신의 발 밑에서 어떤 일이 벌어지고 있었는지는 전혀 몰랐던 거야.

새 사냥꾼은 땅바닥에 털썩 주저앉았단다. 다리가 너무 아팠어.

"아, 다리야."

> 끔찍하다는 표정과 말투로

새 사냥꾼은 자신의 다리를 살펴보았어. 다리에는 뱀의 이빨 자국이 나 있었단다.

개똥지빠귀가 덫에 걸리기만을 기다리고 있던 새 사냥꾼은 자신도 모르는 사이에 독사에게 물렸던 거야.

뱀이 다가오는 것을 전혀 몰랐던 새 사냥꾼은 가슴을 치며 탄식했지.

> 주먹으로 가슴을 치며

"발 밑에 있는 뱀도 모르면서 나무 위의 새를 잡으려고 했던 내가 너무 어리석었어."

관/찰/력/을/길/러/주/는/이/야/기

12. 소를 모는 목동과 사자

알맹이

등장 인물 : **목동, 송아지, 사자**   구연 예상 시간 : 1분 50초

> 누구나 급하면 신을 찾아 그 일을 해결해 주면 어찌어찌하겠다고 맹세합니다.
> 　이 이야기에 나오는 목동도 그랬어요. 깜빡 졸다가 송아지를 잃어버렸는데 제우스 신에게 송아지 도둑을 찾게 해 주면 양을 제물로 바치겠다고 맹세했습니다. 그런데 송아지 도둑을 찾고 보니 사자였어요. 목동은 다시 사자로부터 자신을 구해 주면 황소를 바치겠다고 맹세합니다.
> 　목동은 어떻게 되었을까요? 맹세한 것은 지켰을까요?

　소를 모는 목동이 한 떼의 소에게 풀을 먹이고 있었단다.

　목동은 소들이 풀을 뜯어먹고 있는 것을 지켜보다가 깜빡 잠이 들고 말았어.

잠깐 자는 척합니다.

　"드르릉, 드르릉."

　코까지 골며 아주 단잠에 빠져들었지.

　그러다가 문득 잠에서 깨어난 목동은 송아지 한 마리가 사라진 사실을 알게 되었단다. 목동은 송아지를 찾기 위해 그 근처를 모두 샅샅이 뒤져 보았어.

손나팔을 하고 큰 소리로

　"송아지야! 어디 있니?"

　"송아지야! 송아지야!"

　목동은 송아지를 애타게 부르며 뛰어다녔단다.

　하지만 송아지는 어디에도 없었어. 목동은 누군가 송아지를 훔쳐 간 것이 분명하다고 생각했지.

〔인상을 쓰며〕

"도대체 어떤 녀석이 내 송아지를 훔쳐 간 거지?"

목동은 송아지를 찾을 수 없게 되자 제우스 신에게 기도를 드렸어.

〔기도하는 폼으로〕

"제우스여! 만약 송아지를 훔쳐 간 도둑을 찾게 해 주신다면 감사의 표시로 새끼양을 제물로 바칠 것을 약속합니다."

제우스에게 약속을 하고 얼마 지나지 않았을 때야. 목동이 숲 속으로 들어갔다가 정말로 송아지 도둑을 발견하게 되었단다.

무서운 사자가 송아지를 잡아갔던 거야. 사자는 목동이 나타나자 사나운 기세로 어흥거렸어.

목동은 위험에 빠지자 두 손을 모으고 다시 제우스에게 소리쳤단다.

"위대하신 제우스여! 조금 전에 저는 송아지 도둑을 찾게 해 주신다면 새끼양을 제물로 바치겠다고 약속했지만, 지금 저를 저 도둑놈의 발톱에서 벗어나게 해 주신다면 황소 한 마리를 제물로 바치겠습니다."

관/찰/력/을/길/러/주/는/이/야/기
13. 크게 우는 작은 개구리

알맹이

등장 인물 : 개구리, 사자   구연 예상 시간 : 3분 50초

목소리가 큰 개구리가 있었습니다. 자신이 큰 소리로 울면 모두들 깜짝 놀랐기 때문에 개구리는 은근히 큰 목소리를 자랑으로 여기게 되었죠. 사자도 개구리의 목소리에 겁을 먹고 자신도 큰 소리로 울면서 겨루게 됩니다. 개구리도 지기 싫어서 큰 소리로 울었지요. 그러나 결국 사자에게 들켜 밟혀 죽게 됩니다.

목소리가 아무리 커도 개구리는 개구리일 뿐이죠. 목소리가 크다고 해서 사자와 겨룬다면 화를 당하는 건 당연한 일 아닐까요?

되도록 입을 크게 벌리고 큰 소리로

"개굴~ 개굴~ 개굴~."

목소리가 아주 큰 개구리가 있었어. 몸은 아주 조그만데 말이야.

어찌나 목소리가 크던지, 이 개구리가 한번 울면 연못을 지나가던 동물들은 모두 깜짝 놀라서 줄행랑을 쳤단다. 코뿔소도, 하마도, 거기다 코끼리까지도 이 개구리가 한번 울기만 하면 덩칫값도 못 하고 꽁무니를 빼야 했지. 이렇게 목소리가 큰 동물이라면 힘도 무척 셀 거라고 생각했던 거야.

> 배를 잡고 웃는 척하며

"푸하하하하, 바보 같기는……. 이렇게 큰 소리를 내는 동물이 개구리라고는 상상도 못 하겠지?"

그래서 개구리는 은근히 우렁찬 목소리를 자랑으로 여기게 되었단다. 심심하면 일부러 연못을 지나는 동물 곁으로 다가가서,

"개굴개굴개굴~!"

하고 크게 울어 댔어.

동물들은 화들짝 놀랐고, 개구리는 그런 동물들을 보며 깔깔거렸지. 그건 아주 신나는 놀이였어.

> 가슴을 내밀고 거들먹거리며

"난 이렇게 몸집이 작지만, 목소리만큼은 그 누구에게도 뒤지지 않을 자신 있어!"

개구리는 늘 이렇게 자신만만했지.

그러던 어느 날이었단다. 그 날도 개구리는 연못가 풀밭에서 신나게 울고 있었지. 쩌렁쩌렁 울리는 그 소리는 연못가를 가득 채웠고, 바람을 타고 숲으로, 산으로 퍼져 나갔어.

마침 연못가를 지나가던 사자가 개구리의 울음소리를 듣고 깜짝 놀랐어.

> 몸을 움츠리고 자세를 낮추며

"이렇게 울음소리가 크다니……. 대체 얼마나 큰 동물이기에……."

사자는 두렵기도 했지만, 궁금하기도 했어. 이 정도의 목소리라면 자기 상대가 될 수도 있다고 생각했던 거야. 그래서 울음소리를 따라가기 시작했단다.

"쿠어헝~."

사자도 질세라 크게 울었어. 사자의 울음소리가 어찌나 크던지 주변에 있는 나무가 다 흔들릴 정도였지.

개구리도 울음소리를 듣고 사자가 가까이 있다는 것을 알았어. 하지만 지기가 싫었어. 목소리만큼은 그 누구보다 크다고 생각했거든. 그래서 더욱 큰 소리로 울었지.

> 숨을 크게 들이마셔 배를 빵빵하게 한 뒤에

"개애애애애애굴~ 개애애애애애굴~."

"쿠허엉~ 쿠헝."

"개애애애애애굴~ 개애애애애애굴~."

"쿠허엉~ 쿠헝."

사자와 개구리는 이렇게 서로 경쟁하듯 울어 댔어.

"과연 나와 겨루는 이놈은 대체 누굴까?"

> 살금살금 다가가며, 두리번거립니다.

사자는 연못에 도착해서 주위를 둘러보았어. 눈치없이 그때까지 크게 울고 있던 개구리는 쉽게 눈에 띄었지.

작은 목에 힘을 잔뜩 쥐고 고막이 찢어질 만큼 큰 소리로 울고 있는 폼이라니!

사자는 기가 막혔어.

'나 원 참, 천하의 사자가 이렇게 작은 놈에게 겁을 먹고 벌벌 떨었다니!'

<발을 탁 구르며>

사자는 큰 발로 개구리를 탁 밟아 죽여 버렸단다.

관/찰/력/을/길/러/주/는/이/야/기

14. 벼룩과 권투 선수

<알맹이>

등장 인물 : 벼룩, 권투 선수　　**구연 예상 시간 : 2분 50초**

시합을 할 때마다 이겨서 늘 자신만만한 권투 선수가 있었습니다. 그는 자신을 이길 수 있는 상대는 없다고 큰소리를 쳤습니다. 그런데 어느 날, 벼룩 한 마리가 그의 발을 물었고 권투 선수는 주먹을 날렸지만 벼룩을 잡을 수 없었습니다.

벼룩에게 진 권투 선수의 기분이 어땠을까요? 이 이야기를 듣고 아이는 무얼 느꼈는지, 그 느낌을 말하게 해 보세요.

시합이 벌어질 때마다 승리를 거두어서 크게 명성을 떨친 권투 선수가 있었단다.

그 권투 선수의 주먹은 몹시 강하다고 소문이 나 있었지.

"그 선수 주먹이라면 한 방이면 끝나요."

"그렇고말고요. 세상에 그보다 더 강한 주먹은 없을걸요."

사람들은 모이기만 하면 그 권투 선수 이야기로 시간을 보내곤 했지.

건장하고 몸집이 큰 권투 선수는 친구들이 모인 자리에서 이 세상에 자신을 이길 수 있는 상대는 없다고 큰소리를 치곤 했어.

거만하게

"나를 이길 수 있는 자는 아무도 없어! 어디, 있으면 덤벼 보라고 하시지. 한 방에 끝내 줄 테니까."

친구들도 은근히 겁을 먹고 있었기 때문에 대꾸하는 사람이 없었단다.

그런데 그 때 작은 벼룩 한 마리가 권투 선수의 발 위로 톡, 튀어올랐어.

아이의 발가락을 아프지 않게 물어 재미를 더합니다.

그리고 권투 선수의 발가락을 세게 깨물었단다.

"아야!"

권투 선수는 소리를 질렀지.

"누구야? 누가 내 발가락을 물었어?"

권투 선수는 화가 나서 씩씩거렸단다.

"누구긴, 누구야. 벼룩이잖아."

옆에 있던 친구가 말했지.

권투 선수는 자기의 발가락을 깨문 것이 벼룩이라는 사실을 알고는 머리끝까지 화가 났단다. 그래서 벼룩을 주먹으로 때려서 죽이려고 했어.

주먹을 쥐고 권투 선수 흉내를 냅니다.

"어디 두고 봐라. 내 주먹맛을 보여 줄 테다. 휙, 휙!"

권투 선수는 이리저리 주먹을 날렸지만 벼룩은 좀처럼 맞지 않았단다.

'흥! 그런다고 내가 겁낼 줄 알아? 어림없지.'

몸집이 작고 행동이 빠른 벼룩은 요리조리 잘도 도망쳤어.

"아니, 생각보다 빠르네. 그렇다고 포기할 순 없지. 세상이 다 아는 권투 선수인 내가."

권투 선수는 한참 동안이나 벼룩의 뒤를 쫓아다녔단다. 그러나 결국 벼룩을 잡을 수는 없었어.

권투 선수는 무거운 한숨을 쉬면서 말했단다.

"아, 내가 벼룩 한 마리도 죽이지 못한다면, 상대 선수를 어떻게 이길 수 있을까?"

관/찰/력/을/길/러/주/는/이/야/기
15. 노새의 조상

알맹이

등장 인물 : **노새, 말**   구연 예상 시간 : **3분**

어느 노새가 자신은 말의 후손임을 자랑하며 말처럼 먹고 말처럼 행동했습니다. 어느 날, 말들의 달리기 경주가 열렸는데 노새는 자신만만해했으나 빠른 말들을 따라잡을 수는 없었습니다. 노새는 그제야 자신의 한쪽 조상이 당나귀임을 깨닫습니다.

노새는 노새대로 힘이 세고 참을성이 많다는 장점들을 갖고 있는데 굳이 말을 흉내낼 필요는 없겠지요. 누구를 따라할 필요 없이 나는 나대로, 나임을 긍지로 삼는 자존감은 평생 그 사람이 살아가는 데 힘이 됩니다. 그런 자존감은 어려서부터 형성되는 것이지요. 내 아이가 뭘 잘못했을 때 질책하고 꾸짖기보다 격려하고 힘을 주세요. 장점들을 찾아 칭찬도 많이 해 주시고요. 그런 부분에 초점을 맞추어 이 이야기를 적용시켜 보세요.

어느 농장에서 노새 한 마리가 태어났단다.

수탕나귀와 암말 사이에서 태어난 잡종을 노새라고 하지. 노새는 아주 힘이 세고 참을성이 무척 많아서 무거운 짐을 지고도 아주 먼 곳까지 갈 수 있단다. 하지만 말처럼 빨리 달릴 수는 없어.

그 노새는 자기가 말의 후손이라는 사실을 너무 자랑스러워했어. 그래서 항상 말처럼 먹고, 말처럼 행동했지.

<뻐기듯 가슴을 내밀고>

"우리 조상은 말이었다고~! 나도 말처럼 빨리 달릴 수 있을 거야!"

노새는 기운이 넘쳤어. 마당 여기저기를 뛰어다니며 자신의 조상을 자랑했지.

며칠 뒤, 말들이 모여 빨리 달리기 경주를 열었단다. 동네에서 잘 달린다는 말들은 모두 경기에 참가했어.

<놀라는 표정과 몸짓으로>

"히히힝, 이번에는 내가 우승할 거야."

"무슨 소리. 이번 우승은 나라고. 나보다 더 빨리 달리는 말은 없을걸. 히히힝."

말들은 모두 각오가 대단했어.

노새도 그 틈에 끼어 있었어. 그걸 본 말들은 기가 막혔지.

<빈정대며 무시하는 투로>

"이게 뭐야? 노새도 경주에 나왔잖아?"

"너도 우리랑 겨루겠단 말이냐? 기가 막혀서."

말들이 노새를 보고 빈정댔어.

"흐하하, 이번 대회의 우승은 내가 될 거야. 왜냐하면 우리 조상은 아주 빠른 말이었거든."

노새는 조금도 기죽지 않고 의기양양했지.

<하늘로 총을 쏘아 올리는 흉내를 내며>

"탕!"

출발 신호가 떨어지자 노새는 있는 힘껏 달리기 시작했어. 그런데 노새는 이상하다는 느낌이 들었어. 노새가 있는 힘껏 발을 빠르게 달려도 말들을 따라잡을 수 없었던 거야.

<고개를 갸우뚱하며>

"어라, 왜 이러지?"

노새는 이상했어. 똑같은 말인 줄 알았는데 자신만 뒤로 쳐지고 있었지.

<헉헉거리며>

"헉헉, 내가 우승할 줄 알았는데. 헉헉."

노새는 저만치 앞에서 달리는 말들을 따라잡기 위해 더욱 힘껏 달렸어. 하지만 말과 노새와의 거리는 점점 더 벌어질 뿐이었지.

경주가 끝났어. 몸이 완전히 녹초가 된 노새는 그제야 깨달았단다.

"참, 우리 아빠는 당나귀였지……."

관/찰/력/을/길/러/주/는/이/야/기
16. 두 마리의 수탉과 독수리

알맹이

등장 인물 : **수탉 두 마리, 독수리, 암탉**   구연 예상 시간 : **4분 20초**

수탉은 한 곳에 여러 마리를 둘 수 없다고 합니다. 서로 암탉을 차지하기 위해 싸우기 때문이라지요.

그런데 한 닭장 안에 두 마리의 수탉이 있었습니다. 둘은 치열하게 싸웠고 결국 이긴 수탉만 남고 나머지 한 마리는 떠났습니다. 그러나 독수리가 날아와 이긴 수탉을 낚아챘습니다. 떠나갔던 수탉이 다시 돌아와 암탉들을 거느리게 되었죠.

새로운 승리자에게 붙어 있던 암탉들은 얼마나 무안했을까요? 승리자라고 폼을 잡던 수탉도 부끄럽긴 마찬가지였겠지요.

한집에 수탉 두 마리가 살고 있었어.

둘은 눈만 뜨면 싸웠단다.

"저리 비켜! 여긴 내 자리야. 꼬꼬댁 꼬꼬!"

"무슨 소리야? 장난하니, 여긴 내 자리라고. 너나 비켜. 꼬꼬댁 꼬꼬!"

정말 하루도 안 거르고 싸워 댔어. 원래 한집에 수탉 두 마리가 같이 살 수는 없는 거거든. 왜냐하면 수탉 한 마리가 모든 암탉을 다 거느려야 하기 때문에 서로 그 자리를 차지하기 위해선 싸울 수밖에 없단다.

〔화가 잔뜩 난 말투로, 목소리에 차이를 두며〕

"네가 있던 곳으로 돌아가. 어디서 늦게 들어온 놈이 까불고 있어?"

"흥, 웃기고 있네. 힘이 더 센 닭이 남는 거야. 내가 힘이 더 세니까 내가 남는 게 당연해."

"그래? 어디 한번 싸워 보자!"

"좋아. 지는 닭은 아무 소리도 않고 여길 떠나는 거야. 알았어?"

두 마리의 수탉은 또 싸우기 시작했어. 날개를 푸드덕거리고, 부리로 상대방 머리를 찍고……. 정말 끝이 없었지.

그러다가 두 마리 모두 피를 흘렸단다.

그래도 싸움은 끝나지 않았어. 오히려 점점 더 거칠어졌지.

〔싸우는 소리를 거칠게 표현해 주세요.〕

"팍!"

"탁!"

"파파팍!"

"타닥, 타닥!"

그렇게 얼마나 더 싸웠을까? 마침내 힘이 센 수탉이 이겼어. 싸움에서 진 수탉은 비틀비틀 덤불 속으로 달아났단다.

 승리한 수탉은 기분이 너무너무 좋았어. 푸드덕푸드덕 날갯짓을 하더니 담장 위로 올라간 거야.

> 닭처럼 날갯짓을 하고 고개는 하늘을 향한 채

"꼬끼오~ 꼬끼오~."

수탉은 개선 장군처럼 의젓하게 폼을 잡았단다.

암탉들은 그 폼으로 모여들었지.

> 여우 같은 여자 목소리로

"자기, 너무 멋있어요."

"사랑해요."

"우리 결혼해요."

힘센 수탉은 세상을 다 얻은 것 같았지.

그런데 그 때였어. 갑자기 하늘에서 독수리가 나타난 거야.

"네가 그렇게 잘났냐? 어디 맛 좀 보자."

독수리는 잘난 척하는 수탉의 어깨를 억센 발톱으로 움켜쥐고 하늘로 날아가 버렸단다.

정말 순식간에 일어난 일이었어.

"으악! 닭 살려~, 닭 살려~."

힘센 수탉은 비명을 질렀지만 아무 소용이 없었지.

그 때서야 덤불 속에 숨어 있던 힘없는 수탉은 슬금슬금 기어 나왔어. 새로운 승리자에게 달라붙어 있던 암탉들도 다시 예전의 수탉에게로 모여들었지.

> 작은 목소리로

"자기야, 미안해."

"이제 영원히 당신만 사랑할 거야."

암탉들은 온통 야단이었단다.

수탉은 기쁨의 미소를 지으며 하늘을 보았어. 너무너무 기뻤지만, 짐짓 아무렇지도 않은 척했지. 그리고 속으로 말했어.

'다, 하늘의 뜻이로군.'

관/찰/력/을/길/러/주/는/이/야/기

17. 까마귀와 뱀

> 알맹이

등장 인물 : **까마귀, 뱀**   구연 예상 시간 : **4분 20초**

아무리 급해도 자신의 처지를 잊어서는 안 되겠죠? 급해서 서두른 일은 또다른 문제를 가져올 수도 있어요.

굶주린 까마귀가 있었습니다. 이 까마귀는 뱀을 발견하고 잡아먹으려다 오히려 화를 당하고 맙니다.

급할수록 돌아가라는 속담이 생각나는군요.

사흘 동안이나 벌레 한 마리 잡아먹지 못한 까마귀가 있었단다. 오랫동안 비가 오지 않아서 풀들도 다 말라 버리고 주변은 온통 푸석푸석한 먼지뿐이었어.

"아유, 배고파. 배가 고파서 죽겠네. 온종일 날아다녀도 먹을 것이라곤 찾아 볼 수가 없으니."

까마귀는 힘없이 말했단다.

벌써 며칠째 먹을 것을 찾아 사방으로 날아다녔지만 메마른 먼지만 날릴 뿐, 아무것도 보이지 않는 거야. 오랫동안 비가 내리지 않았으니까 그럴 만도 했지.

그런데 문득 바위 사이로 기어가고 있는 뱀 한 마리가 눈에 띄었단다.

<u>깜짝 놀라며</u>

"앗! 저건 뱀이잖아."

지금까지 한 번도 뱀을 먹어 본 적은 없었지만, 배고픈 까마귀의 눈에는 뱀도 꽤 훌륭한 먹잇감으로 보였어. 언젠가 독수리들이 뱀을 잡아먹는 모습을 본 적이 있었거든. 잘 하면 며칠은 배불리 먹을 수 있을 것 같았지.

<u>입맛을 다시며</u>

"그래, 나도 독수리처럼 저 뱀을 잡아먹어야겠다."

까마귀는 날쌔게 날아가서 뱀을 낚아챘어.

'혹시라도 다른 새들에게 빼앗기면 안 되니까 빨리 달아나
야지.'

까마귀는 하늘 높이 날아올랐단다.

갑자기 공격을 받은 뱀은 깜짝 놀라서 고개를 두리번거렸지.

"아니! 이게 뭐야?"

자신을 낚아챈 것이 독수리가 아니라 까마귀인 것을 안 뱀
은 몹시 화가 났단다.

> 큰 소리로 화를 내며

"이 겁 없는 까마귀야! 내가 너 따위에게 잡아먹힐 것 같으
냐! 당장 놓지 못해!"

하지만 뜻밖의 행운을 잡았다고 생각한 까마귀는 뱀의 위
협에도 아랑곳하지 않았어. 그러자 뱀은 잽싸게 몸을 틀어서
까마귀의 다리를 물었지.

"어디 맛 좀 봐라!"

뱀의 독이 까마귀의 몸 전체에 퍼지기 시작했단다. 까마귀
는 서서히 날개가 굳어지는 것을 느꼈단다. 까마귀는 죽을힘
을 다해 날개를 퍼덕거렸지. 하지만 까마귀는 땅으로 떨어지
지 않을 수 없었어.

까마귀는 후회하면서 말했단다.

"뜻밖의 행운을 만났다고 생각했는데 오히려 그 행운 때

문에 죽게 되다니, 정말 운이 없군!"

관/찰/력/을/길/러/주/는/이/야/기
18. 물총새

알맹이

등장 인물 : **물총새**   구연 예상 시간 : **3분**

　물총새는 물총샛과의 새로 몸길이는 17cm 가량이며 등은 광택이 나는 청록색이며, 목은 흰색, 배는 밤색인 흔한 여름새입니다.
　이 물총새가 사람에게 해를 입을까 봐 바닷가 절벽 위에 집을 지었다가 폭풍에 새끼들을 모두 잃고 자신의 신세를 한탄합니다. 마음놓고 있을 곳이 없다는 건 얼마나 슬픈 일인가요?

　혼자 있는 것을 좋아하는 물총새는 언제나 물가에서만 사는 새란다.
　물총새는 강둑이나 바닷가의 절벽 위에 보금자리를 마련하는 버릇이 있어.
　어느 날, 물총새 한 마리가 둥지를 틀기 위한 장소를 찾아 다니고 있었단다.
　"어디가 좋을까? 땅보다는 바다가 더 안전하겠지?"

물총새가 바닷가에 둥지를 틀려고 한 이유는 사람들의 공격을 피하기 위해서였어.

이 물총새는 알을 낳을 때가 되었기 때문에 더 열심히 둥지를 장소를 찾아다녔단다.

"안전한 곳이어야 하는데……."

물총새는 바닷가 이곳 저곳을 샅샅이 살펴보았어.

그러다가 바다 위로 삐죽 솟아오른 바위를 발견하게 되었단다.

> 담담하게

"여기가 좋겠어. 여기라면 아무도 가까이 오지 못할 거야."

물총새는 그 곳에다가 둥지를 틀었단다. 그리고 알을 낳아 예쁜 새끼들도 태어났지.

> 사랑스러운 말투로

"아가, 예쁘기도 하지. 엄마가 가서 맛있는 거, 많이 가져 올게."

물총새는 바닷가의 바위 위에 둥지를 틀었기 때문에 안전할 거라고 생각했어. 그래서 마음놓고 먹이를 찾아 나설 수 있었지.

> 급박하게, 긴장감을 주는 듯이

하지만 얼마 있지 않아서 폭풍이 몰아치기 시작했단다. 엄청난 기세로 몰아치는 바람 때문에 파도가 미친 듯이 춤을 추었어.

"웬 바람이 이렇게 세지? 큰일났네. 우리 아기들이 위험하겠어. 얼른 가야지."

물총새는 서둘러 집으로 향했단다. 바람이 얼마나 세게 부는지 날갯짓하기도 힘들었지만, 두고 온 새끼들 걱정에 있는 힘을 다해 날았지.

슬픈 분위기로

그런데 이를 어쩌니? 커다란 파도는 순식간에 물총새의 둥지를 덮쳤단다.

"엄마야!"

"엄마, 살려 줘."

아무 힘이 없었던 물총새의 새끼들은 모두 파도에 휩쓸려서 죽고 말았어.

나중에 둥지로 돌아와서 이 사실을 알게 된 물총새는 목놓아 울부짖었단다.

"나처럼 불행한 새가 또 있을까! 땅 위에서 생길지도 모르는 위험을 피하기 위해 바닷가에 보금자리를 마련했는데 어떻게 이럴 수가 있단 말인가! 그렇게 믿었던 바다한테 내 새끼들을 모두 잃다니!"

관/찰/력/을/길/러/주/는/이/야/기
19. 여우와 악어

알맹이

등장 인물 : **여우, 악어**   구연 예상 시간 : **2분 50초**

여우와 악어가 만나서 서로 누가 힘이 더 세고 운동을 잘 하는지 시합을 했습니다. 악어가 여우에게 운동을 좀 해야겠다고 빈정대자 여우는 맞받아 쩍쩍 갈라진 피부를 보니 운동을 얼마나 열심히 하는지 알겠다며 빈정댑니다.

서로 상대방의 약점을 들춰 봐야 마음에 상처만 남게 되지요. 내가 상대방을 함부로 생각하면 상대방도 날 함부로 생각하게 마련입니다. 그러니까 내가 남을 흉본 만큼 남들도 뒤에서 내 흉을 본다고 생각하면 틀림없을 것입니다.

만약에 악어가 여우에게 빈말이라도 칭찬을 했다고 생각해 보세요. 여우도 악어의 좋은 점을 찾아 칭찬하지 않았겠어요?

이렇게 긍정적이고 고운 언어 습관을 어려서부터 가질 수 있도록 도와 주세요.

여우와 악어의 목소리를 구분하여 서로 다르게 표현해 주세요.

여우가 강가에 갔다가 악어를 만났단다.

거친 말투로

"어이, 여우! 잘 있었나?"

악어가 여우에게 손을 흔들며 인사했어.

"너도 잘 있었지? 오랜만이야."

여우도 꼬리를 흔들며 인사를 했지.

둘은 한참 동안 이런저런 이야기를 나누었어.

그러다가 서로 누가 힘이 더 세고 운동을 잘 하는지 시합을 하게 되었단다.

▷ 빈정대는 투로

"여우야, 나는 너를 보면 불쌍하다는 생각이 들어."

악어가 여우에게 말했어.

"그게 도대체 무슨 뜻이야?"

여우가 궁금하다는 듯 물었지. 그러자 악어는 은근히 여우의 약점을 들추었단다.

"너처럼 그렇게 몸이 약해서야 이 험한 숲 속에서 어떻게 살아갈 수 있겠니? 운동을 좀 하는 게 어때?"

여우는 기분이 나빴어. 그래서 어떻게 하면 악어의 기분을 상하게 하는 말을 할까 생각했지.

"운동이라고?"

▷ 허리에 손을 얹고 몸을 쭉 펴서 으스대며

"그래, 나를 좀 봐!"

악어는 여우 앞에서 몸을 잔뜩 늘이고 으스대면서 자기의 몸매를 자랑했지.

"우리는 조상 대대로 훌륭한 체조 선수였다고. 그래서 내 몸이 이렇게 유연하게 된 거야."

여우는 몸을 축 늘어뜨린 악어의 껍질을 들여다보았어. 그리고는 비웃듯이 이렇게 말했단다.

"자네가 얼마나 체조를 열심히 했는지는 말 안 해도 알 것 같네."

"그래? 어떻게 안다는 거야?"

악어가 궁금해하며 물었어. 그러자 여우는 악어의 피부를 가리키며 말했단다.

"자네의 피부를 좀 보게. 얼마나 체조를 열심히 했으면 이렇게 온통 다 갈라졌겠나?"

그 말을 들은 악어는 얼굴을 붉히면서 자기 피부를 감추려고 물 속으로 첨벙 들어가 버렸단다.

관/찰/력/을/길/러/주/는/이/야/기
20. 도시 쥐와 시골 쥐

알맹이

등장 인물 : **도시 쥐, 시골 쥐**   구연 예상 시간 : **2분 30초**

이 이야기는 친구 사이인 도시 쥐와 시골 쥐가 서로 상대방의 집에 놀러

> 갔다가 자신의 집이 훨씬 편하다는 것을 느끼게 된다는 이야기입니다.
> 다행이지요. 자신의 집보다 남의 집이 더 좋게 느껴지면 어쩌겠어요. 혹시 우리 아이는 우리 집보다 다른 집이, 다른 집 엄마나 아빠가 더 좋게 느껴지지나 않는지, 또 그렇다면 왜 그런지 마음을 들여다보는 시간이 되었으면 좋겠습니다.

시골 쥐와 도시 쥐의 목소리를 뚜렷이 구분해 주세요.

시골 쥐와 도시 쥐는 다정한 친구 사이였어.

어느 날 시골 쥐는 친구가 보고 싶어서 도시 쥐를 자신의 시골집으로 초대했단다.

"어서 오게. 오느라고 힘들었지?"

시골 쥐는 친구를 대접하기 위해 정성껏 마련한 음식을 내놓았지.

하지만 먹을 거라곤 거친 보리와 옥수수가 전부였어. 이것을 본 도시 쥐가 투덜거리면서 말했단다.

"자네는 마치 거지처럼 살고 있군. 이런 걸 어떻게 먹나? 우리 집에는 맛있는 것들이 많이 있다네. 나중에 기회가 되면 자네를 초대하지."

시골 쥐는 부끄러워서 얼굴을 들 수가 없었어. 도시 쥐는 시골 쥐의 환송을 받으면서 도시로 떠났단다.

얼마 후에 도시 쥐가 시골 쥐를 자신의 집으로 초대했어.

시골 쥐는 잔뜩 기대하고 도시 쥐의 집을 찾아갔단다.

도시 쥐는 시골 쥐를 부엌으로 데려가서 맛있는 것들을 많이 주었어.

콩과 빵 조각, 치즈, 벌꿀, 과일…….

'역시 도시가 좋구나. 도시 쥐가 부러워. 날마다 이렇게 맛있는 것들을 먹다니!'

시골 쥐는 도시 쥐를 부러운 눈길로 쳐다보았단다.

> 빠르고 긴장감 있게 분위기를 잡습니다.

"자자, 빨리 먹자고. 어때? 자네가 사는 시골하고는 비교가 안 되지?"

도시 쥐가 치즈를 떼어 주며 말했어.

그런데 그 때였단다.

"드르륵!"

한 남자가 문을 열고 부엌으로 들어온 거야. 깜짝 놀란 쥐들은 벽에 나 있는 구멍 속으로 재빨리 숨어야만 했어.

> 입에 손가락을 갖다 대고 낮게 속삭입니다.

"조용히 해! 잡히면 끝장이라고."

도시 쥐가 입에 손가락을 갖다 대고 말했어. 시골 쥐는 숨이 막혀 죽을 것만 같았지.

"이제 됐어. 주인은 들어갔나 봐. 다시 먹자고."

얼마 후에 쥐들은 다시 기어 나와서 무화과 열매를 먹으려고 했단다.

그런데 이번에는 또다른 사람이 부엌으로 들어와서 무엇인가를 찾기 시작하는 거야.

덜그덕거리며 뭔가를 찾는 시늉을 합니다.

깜짝 놀란 쥐들은 이번에도 구멍으로 숨어야 했지. 몇 차례 이런 일을 겪고 나자, 시골 쥐는 배고픔도 잊어버리고 시골 집 생각이 간절했단다.

"잘 있게, 친구. 나는 시골로 돌아가겠네. 자네는 맛있는 음식을 잔뜩 먹는 대가로 엄청난 공포와 위험 속에서 살고 있군. 난 가난하긴 해도 불안이나 공포에 떨 필요가 없는 우리 집이 좋다네. 앞으로도 마음 편하게 보리나 옥수수에 만족하면서 살아가려네."

II

사회성을

길/러/주/는/이/야/기

사/회/성/을/길/러/주/는/이/야/기
21. 장미 정원

알맹이

> 등장 인물 : 빨간 장미를 좋아하는 사람들, 노란 장미를 좋아하는 사람들   구연 예상 시간 : 2분 30초
>
> 꽃을 싫어하는 사람은 아마 없을 것입니다. 아무리 무뚝뚝한 사람들도 꽃을 보면 기분이 좋아지게 마련이지요.
> 이 이야기 안에 등장하는 사람들도 모두 꽃을 좋아했습니다. 그런데 서로 취향이 달랐지요. 취향이야 얼마든지 다를 수 있는 거니까 그걸 서로 인정해 주었더라면 얼마나 좋았겠어요? 그랬더라면 자신이 좋아하는 꽃을 두고두고 즐길 수 있었을 텐데, 이 마을 사람들은 그러지 못했답니다. 서로 상대방의 꽃들을 뽑아 버렸죠. 결국, 마을의 장미 정원은 폐허가 되고 맙니다.
> 아이들에게 꽃을 좋아하지만 말고 마음도 꽃처럼 예쁘게 가꿔야 한다는 걸 일깨워 줬으면 좋겠습니다.

꽃을 무척 사랑하는 마을이 있었단다.

이 마을에 사는 사람들은 모두 꽃을 좋아했어. 꽃 중에서도 특히 장미꽃을 좋아했지.

그래서 사람들은 마을 한가운데 있는 광장에 아름다운 장미 정원을 꾸며 놓았단다. 장미만 가득 있는 멋진 공원이었지.

장미를 상상하며, 그 아름다움에 취한 듯

생각해 봐. 얼마나 아름다웠을까? 빨간 장미, 하얀 장미,

노란 장미……. 향기는 또 얼마나 좋았겠니?

사람들은 시간이 날 때마다 그 곳에 찾아가서 장미꽃들을 구경하고 돌보았단다.

몸이 몹시 아픈 사람도 장미꽃을 보면 병이 낫는다고 생각할 정도였지. 꽃을 보면 마음이 편안해지니까 그럴 수도 있을 거야.

그런데 마을 사람들은 서로 좋아하는 꽃의 색깔이 달랐단다. 마을 사람들의 절반은 노란 장미를 좋아했지. 그러나 나머지 절반은 빨간 장미를 좋아했어. 어떻게 되었겠니? 마을 사람들은 서로 다투기 시작했단다.

> 투덜대는 말투로

"어떻게 빨간 장미를 좋아할 수 있을까? 그 꽃은 너무 색깔이 붉어서 품위가 없어."

"저 사람들은 도대체 무슨 생각을 하는 거야? 저런 보잘것없는 노란 장미를 좋아하다니, 도무지 이해할 수가 없어."

서로 다른 색깔의 장미를 좋아하는 마을 사람들은 서로의 생각을 받아들이려고 하지 않았어. 자기 것만 좋다고 우겼지.

그래서 어떤 마을 사람들은 장미 정원에 갈 때마다 다른 색의 장미를 몰래 뽑아 버리기 시작했단다. 자기가 좋아하는 장미꽃을 더욱 멋지게 보이게 하기 위해서 말이야.

<음흉하고 비밀스런 말투로>

"우리 노란 장미가 훨씬 예쁘지. 흐흐흐흐!"

"빨간 장미는 정말 꼴도 보기 싫어!"

노란 장미를 좋아하는 사람들은 붉은 장미를 몇 송이씩 뽑아 버렸지.

<눈치를 살피며>

"붉은 장미가 훨씬 예뻐. 누가 보는 사람이 없겠지?"

"빨리빨리 뽑아 버리자."

붉은 장미를 좋아하는 사람들은 또 노란 장미를 뽑아 버리곤 했어.

그렇게 해서 노란 장미와 붉은 장미는 점점 꽃송이가 줄어들게 되었단다.

마침내 마을 광장의 아름다웠던 장미 정원은 엉망이 되어 버렸지 뭐야.

<깜짝 놀라며>

"어떻게 된 거지? 장미들이 다 어디로 간 거야?"

어느 날, 엉망이 되어 버린 장미 정원을 보며 사람들은 한숨을 쉬었단다.

<깊은 한숨을 쉬며>

"이럴 줄 알았으면 빨간 장미라도 그대로 둘걸."

하지만 후회해도 소용 없는 일이었어.

사/회/성/을/길/러/주/는/이/야/기

22. 우물에 빠진 천문학자

알맹이

등장 인물 : **천문학자, 농부**   구연 예상 시간 : **3분**

뛰어난 천문학자가 별을 관찰하기 위해 하늘만 쳐다보고 걷다가 우물에 빠졌습니다. 지나가던 농부가 구해 주면서 하늘에 뭐가 있는지 그렇게 잘 아는 사람이 바로 자기 코앞에 있는 우물을 모르냐고 충고합니다.
사람이 자기가 좋아하는 일만 하면서 살 수는 없다는 걸 아이들도 알아야겠지요. 이 이야기를 통하여 하기 싫은 것들도 하면서 살아야 한다는 것을 알려 주면 좋겠네요.

어느 마을에 뛰어난 천문학자가 살고 있었어. 천문학자란 우주의 구조나 별, 달 같은 것들을 연구하는 사람이야.
그 천문학자는 저녁만 되면 별들을 관찰하기 위해 집 밖으로 나가서 돌아다니는 습관이 있었어.

기분 좋은 말투로

"오, 나는 별이 좋아. 아름다운 별이 좋아."
밤마다 열심히 별을 관찰했기 때문에 그 천문학자는 수많

77

은 별들에 대해 자세히 알고 있었단다.

"저 별은 금성, 저별은 목성, 저기 큰 별은 북극성……."

하늘에 떠 있는 별들을 연구하기 위해 천문학자는 언제나 하늘을 올려다보면서 걸었어.

"저기, 새로운 별이 또 나타났구나. 어디 한번 연구해 봐야겠다."

천문학자는 망원경으로 그 별을 자세하게 관찰했단다.

그러던 어느 날 밤이었어. 열심히 하늘을 올려다보면서 돌아다니던 천문학자는 그만 우물에 빠지고 말았단다. 첨벙, 하고 말이야.

깜짝 놀라며

"어이쿠! 이게 뭐야?"

천문학자는 우물 속에서 허우적거렸어. 코로, 입으로 물이 막 들어왔지.

고개를 들고 하늘만 올려다보다가 땅에 무엇이 있는지 미처 발견하지 못한 거야.

우물에 빠신 전분학자는 크게 소리를 질렀어.

다급한 목소리로

"누가 좀 도와 주세요! 전 지금 우물에 빠졌습니다!"

"살려 주세요! 살려 주세요!"

때마침 지나가던 농부가 그 소리를 들었단다. 농부는 달려와 우물 안을 들여다보면서 천문학자에게 물었어.

<의아해하며>

"점잖은 양반이 어쩌다가 우물에 빠진 겁니까?"
"나는 천문학자입니다. 하늘의 별을 올려다보면서 걷다가 그만 우물에 빠지고 말았습니다."
천문학자가 조금 뽐내며 말했어.
"자, 내 손을 잡으시오."
농부는 천문학자가 우물에서 빠져 나올 수 있도록 도와 주었어.
우물을 빠져 나온 천문학자는 자기를 구해 준 농부에게 고맙다고 인사를 했단다.
"정말 감사합니다. 당신 덕분에 내 목숨을 건질 수 있게 되었습니다."
그러자 그 농부가 천문학자에게 충고했어.

<인심 쓰듯>

"우물 속에 빠진 천문학자 양반! 당신은 참 한심한 사람이군요. 하늘에 무엇이 있는지 그렇게 잘 아는 사람이 자기 발 밑에 무엇이 있는지는 전혀 모르고 있다니 말입니다."
천문학자는 머리를 긁적이며 얼굴이 빨개졌단다.

사/회/성/을/길/러/주/는/이/야/기
23. 웅변가 데마데스

알맹이

| 등장 인물 : **데마데스, 아테네 시민들** | 구연 예상 시간 : **3분 40초** |

웅변가 데마데스가 어느 날, 아테네 시민들에게 그리스의 사회 문제에 대한 연설을 했습니다. 그런데 사람들은 딱딱해서 재미가 없다며 재미있는 우화나 한 편 들려달라고 했지요. 데마데스는 화가 나서 우화를 빙자하여 사람들을 질책했습니다.

사람들은 무겁고 딱딱한 일은 골치 아파 싫어하고 가볍고 흥미 있는 일에만 관심을 기울이는 경향이 있지요. 그러나 무겁고 딱딱한 사회적인 문제들도 모두 우리의 몫입니다. 이런 이야기를 통하여 의식 있는 사회인으로 성장해 갈 수 있도록 지도해 주세요.

그리스의 아테네에 데마데스라는 사람이 살고 있었단다. 데마데스는 웅변을 아주 잘 해서 그의 연설을 듣고 감동하는 사람들이 많았어.

그러던 어느 날, 데마데스는 아테네에 있는 광장에서 시민들을 모아 놓고 연설을 하기 시작했단다. 그리스의 사회 문제에 대한 연설이었지.

그 때 그리스는 사회적으로 어려운 일들이 많이 있었단다.

그래서 데마데스는 사람들에게 그런 문제들을 깨닫게 하고 싶었던 거지.

그런데 웬일인지 데마데스의 연설에 귀를 기울이는 사람이 많지 않았단다. 더구나 그 자리에 있던 어떤 사람이 이렇게 말하는 거야.

<재미 없다는 투로 툴툴대며>

"오늘 당신의 연설은 너무 딱딱해서 재미가 없어요. 어려운 이야기는 이제 그만하고 재미있는 우화나 한 편 들려주시오."

데마데스는 정말 깜짝 놀랐단다. 데마데스는 그 사람이 자신의 연설을 듣지 않고 엉뚱한 소리를 하는 것에 몹시 화가 났던 거야.

<화가 난 투로, 속말로>

'뭐야? 저 사람은 내 연설을 듣지도 않는군. 지금 나라가 얼마나 어려운 일에 처해 있는지도 모르고 말이야.'

데마데스는 이런 식으로는 연설을 해도 아무런 소용이 없겠다는 생각이 들었어. 그래서 그 사람의 말을 따르기로 했지.

<크고 우렁차게>

"좋습니다. 잘 들으시오."

그러자 웅성이던 광장에 모인 사람들이 데마데스의 말에

관심을 기울이기 시작했단다.

> 속삭이는 말투로

"재미있는 이야기를 들려주려나 봐요."

"좀 조용히 하세요."

사람들은 서로서로 조용히 하라고 속삭였어.

그러자 한참 뜸을 들이던 데마데스가 이야기를 하기 시작했단다.

"어느 날 농사의 여신 데메테르가 제비, 뱀장어와 함께 길을 걸어가고 있었습니다. 그들은 얼마 뒤에 강기슭에 이르렀습니다. 제비는 하늘로 날아올라서 강을 건넜습니다. 뱀장어는 물 속을 헤엄쳐서 강을 건넜습니다."

여기까지 말한 데마데스는 갑자기 이야기를 중단했어. 왜 그랬을까? 궁금하지? 사람들도 데마데스가 아무 말도 하지 않는 것이 몹시 궁금했단다. 그래서 모두들 여기저기서 물어 댔지.

> 따지듯이

"그래서 데메테르는 어떻게 했습니까?"

"강을 못 건넜습니까?"

"강을 건너긴 건넜습니까?"

그러나 데마데스는 아무 말 없이 사람들을 쳐다보기만 했어. 그럴수록 사람들은 데메테르가 과연 어떻게 했을지 궁금하기만 했지.

> 고개를 숙이고 잠시 뜸을 들입니다.

잠시 후에 데마데스가 주위의 사람들을 천천히 둘러보면서 말했단다.

> 화가 나서 호통치듯

"데메테르 여신은 당신 같은 사람들에게 화를 냈습니다. 시시한 우화를 듣겠다고 국가의 중요한 문제를 외면하는 사람들에게 말입니다."

사람들은 그 이야기를 듣고 모두 고개를 숙였단다. 자신의 행동들이 부끄러웠기 때문이야.

왜 안 그렇겠니. 자신들이 생각해도 너무했다는 것을 깨달은 거지.

데마데스는 연설을 하던 곳에서 내려와 조용히 사라졌단다. 그 모습을 보며 사람들은 자신의 행동을 깊이 반성했지.

사/회/성/을/길/러/주/는/이/야/기
24. 당나귀와 주인

알맹이

등장 인물 : 당나귀 **구연 예상 시간 : 3분 30초**

당나귀가 주인에게 불만을 품고 제우스에게 두 번이나 기도를 해 새로운 주인을 만났으나 점점 더 힘들어집니다. 돌아보니 오히려 첫 번째 주인이 가장 좋았고, 마지막 주인은 자신의 생명까지 위협하고 있었지요.

늘 자신의 현재 상황이 만족스럽지 않아서 투덜거리며 다른 무엇을 원하는 사람이 있습니다. 그러나 만족이라는 것은 환경의 문제가 아니라 자신의 문제입니다. 자신이 처해 있는 현 위치에서 기뻐하며 최선을 다할 때, 더 좋은 무엇은 저절로 따라오는 것이지요. 이 이야기를 통하여 아이도 그런 것을 깨달았으면 좋겠습니다.

정원사를 위해 열심히 일하는 당나귀 한 마리가 있었단다.

"영차! 영차!"

당나귀는 날마다 나무와 흙을 날라야 했지.

그러나 제대로 먹이를 얻어먹지 못했어. 당나귀는 늘 배가 고팠단다.

"아유, 배고파. 배가 고파서 죽겠네. 꼬르륵, 꼬르륵."

당나귀는 실컷 먹어 보는 게 소원이었어.

자신의 처지가 너무 억울하다고 생각한 당나귀는 제우스를 찾아가서 새 주인을 만나게 해 달라고 기도했지. 새 주인을 만나기만 한다면 너무 행복할 것 같았거든. 아주 간절히 기도했어.

두 손을 모으고 기도하는 모습으로

"위대하신 제우스여! 저는 지금 하는 일이 너무 힘듭니다. 배도 무척 고픕니다. 부디 저에게 다른 주인을 만나게 해 주십시오."

제우스는 당나귀의 기도를 들어주었어. 얼마 후에 당나귀는 옹기장이에게 팔려 가게 되었단다.

<두 팔로 커다랗게 원을 만들어 많음을 보여 줍니다.>

그런데 글쎄, 당나귀는 이전보다 더욱 많은 짐을 나르게 된 거야. 옹기를 만들 무거운 찰흙과 도자기까지 날라야 했으니 훨씬 힘들어진 거지. 게다가 쉴 틈이 조금도 없었기 때문에 당나귀는 또다시 불만을 품게 되었단다.

그래서 당나귀는 한 번 더 주인을 바꾸어 달라고 제우스에게 소원을 빌었어.

"위대하신 제우스여! 이번에도 좋은 주인을 만나지 못했습니다. 제발 다른 주인을 만나게 해 주십시오."

제우스는 이번에도 당나귀의 소원을 들어주었단다. 옹기장이가 가축 시장에 가서 당나귀를 팔아 버린 거야.

<아이에게 맞춰 보게 합니다.>

이번에는 어디로 팔려 갔을까?

당나귀가 다시 팔려 간 곳은 가죽장이 집이었단다.

이렇게 해서 당나귀는 점점 더 힘든 주인을 만나게 되었지.

가죽장이는 온갖 동물들의 가죽을 벗겨다가 물건을 만들어서 시장에 내다 팔고 있었어.

새 주인이 일하는 무시무시한 광경을 보다가 당나귀는 무거운 한숨을 쉬면서 말했단다.

"참 복도 없지! 차라리 처음 주인과 함께 있었으면 훨씬 좋았을걸! 새 주인은 내 가죽까지 벗기려 들지도 모르겠군."

사/회/성/을/길/러/주/는/이/야/기

25. 개똥지빠귀와 까마귀

알맹이

등장 인물 : 개똥지빠귀, 여행하던 사람들   구연 예상 시간 : 2분 50초

까마귀의 능력을 부러워하던 개똥지빠귀가 자신도 점쟁이 새가 되겠다고 결심합니다. 마침 여행길에 나선 사람들이 있어서 자신의 능력을 시험해 보려고 그들 앞에 가서 울어 대지만, 사람들은 아무 의미도 없는 개똥지빠귀의 울음소리를 무시합니다.

남이 나보다 잘난 것을 보면 괜히 배가 아프고 샘이 나기도 하지요. 특히 생각이 어릴수록 그런 마음을 갖기 쉬워요. 그러나 나에게 없는 좋은 능력을 갖고 있는 사람에게 진심으로 박수를 보내는 모습은 또 얼마나 아름다운가요? 아이가 성숙한 인격체로 자랄 수 있도록 이 이야기를 잘 들려주세요.

까마귀는 앞으로 다가올 불길한 일들을 미리 알려 주는 새란다. 그래서 사람들은 깃털이 검은 까마귀가 까악까악 울면서 날아가면 하루 종일 조심스럽게 행동하지.

숲 속에 살고 있던 개똥지빠귀는 까마귀의 그런 신통한 능력이 너무너무 부러웠어. 자기도 그런 능력을 갖고 싶었지. 사실 까마귀의 울음소리가 자신의 울음소리보다 더 특별할 것이 없다는 생각이 들었거든.

> 팔짱을 끼고 투덜거립니다.

"쳇, 사람들이란 참 어리석어! 세상에서 제일 잘난 것처럼 뽐내다가도 그깟 까마귀란 놈이 어쩌다 울기라도 하면 벌벌 떤단 말이야. 못생긴 까마귀가 하는 일인데 나라고 못할 거 없지. 이제부터 나도 사람들에게 앞날을 알려주는 점쟁이 새가 될 거야!"

개똥지빠귀는 날갯짓을 하며 나무 위로 포르르, 날아올랐단다.

그 때 마침 먼 지방으로 여행을 떠나는 사람들이 숲 속을 지나가고 있었단다. 개똥지빠귀는 자신의 능력을 자랑할 좋은 기회라고 생각했지.

개똥지빠귀는 사람들 쪽으로 날아가서 나뭇가지에 걸터앉았단다. 그리고는 커다랗게 목청을 높여 울기 시작했어.

> 찌바찌바, 찌바찌바, 괴상한 울음소리를 내주세요.

조용하던 숲 속에 갑자기 개똥지빠귀의 울음소리가 울려 퍼진 거야.

"어? 이게 무슨 소리지?"

"그러게. 갑자기 숲이 들썩거리네."

여행자들은 깜짝 놀라 주위를 돌아보았단다.

'옳거니! 이제야 효과가 나타나는군.'

개똥지빠귀는 신이 났어. 꼬리를 한껏 치켜세우면서 다시 한번 커다랗게 울었지.

"찌바찌바, 찌바찌바……."

"찌바찌바, 찌찌바바……."

여행을 하던 사람들 중에 한 명이 조심스러운 눈길로 숲 속을 둘러보았단다. 그러다가 나뭇가지에 앉아 있는 개똥지빠귀를 발견하고는 피식 웃는 거야.

"내 참 기가 막혀서! 개똥지빠귀였잖아. 하하하, 개똥지빠귀 주제에!"

그 여행자는 개똥지빠귀를 가리키면서 다른 사람들에게 말했어.

> 어이없다는 듯한 표정으로

"신경 쓸 것 없어요. 그냥 가던 길이나 계속 갑시다. 저건 개똥지빠귀일 뿐이에요. 개똥지빠귀의 울음소리에는 아무런 뜻도 없다고요. 괜히 시간만 버렸네."

사/회/성/을/길/러/주/는/이/야/기
26. 샘물가의 사슴과 사자

알맹이

등장 인물 : **사슴, 사자**　구연 예상 시간 : **2분 30초**

　자신의 멋진 뿔을 보고 무척 흐뭇해하는 사슴이 있었습니다. 그런데 그에 비해 가늘고 볼품 없는 다리를 못마땅하게 여겼죠. 그러나 사자가 나타났을 땐, 사정이 달랐습니다. 긴 다리는 자신을 살려 주었는데, 멋진 뿔이 오히려 방해가 되었던 것이지요.
　아이들도 외모에 관심이 많습니다. 자신의 외모 중에 마음에 들지 않는 부분도 있다고 불만을 말할 것입니다. 특히 여자아이들은 더 그렇겠지요. 이런 이야기를 통해 예쁘고 미운 것 모두모두 중요한 존재임을 알게 해 주면 좋겠습니다.

목이 마른 사슴이 물을 마시기 위해 샘물가로 갔어.

사슴은 시원한 샘물을 마음껏 마셨지.

물 마시는 시늉을 하며

"아, 시원해."

그런데 물을 마시고 난 사슴은 우연히 샘물에 비친 자기의 그림자를 보게 되었단다. 사슴은 자신의 멋진 뿔을 넋을 잃고 들여다보았어.

"멋지기도 해라. 세상에 나보다 더 멋진 뿔을 가진 동물이 또 있을까?"

여러 갈래로 갈라져 크고 장엄한 모습을 하고 있는 뿔! 그 뿔은 자기 자신이 보아도 너무나 멋있었어. 하지만 가늘고 나약하게만 보이는 다리는 영 마음에 들지 않았단다.

> 이리저리 다리를 둘러보며 불만스럽게

"뿔은 이렇게 멋있는데, 다리는 왜 이렇게 가늘고 약해 보이는 거지? 다리도 뿔처럼 이렇게 멋지면 좋은데."

사슴은 혼자 중얼거리며 다리를 내려다보았단다.

그런데 그 때 갑자기 사자가 나타난 거야.

> 입가에 웃음을 담으며

"배가 고팠는데 잘됐다."

사자는 사슴을 향해 달려들었어. 사자를 발견한 사슴은 있는 힘을 다해 도망치기 시작했단다.

> 목소리가 덜덜 떨리면서 속말로

'아이고, 큰일날 뻔했네. 걸음아, 날 살려라!'

사슴은 아주 빠르게 달렸어. 그런데 말이야, 자기 스스로 가늘고 보기 싫다고 생각했던 다리로 힘차게 달린 덕분에 사슴은 사자로부터 멀리 떨어질 수 있었단다. 뒤로 돌아보았더니 사자가 보이지 않았던 거야.

넓은 들판에서 가늘고 긴 다리로 껑충껑충 달리는 사슴을 사자는 도저히 따라잡을 수 없었단다.

숨을 몰아쉬며

"내 꼭 잡고야 말 테다. 모처럼 발견한 맛좋은 먹이를 놓칠 수야 없지. 헉헉."

사자는 포기하지 않고 계속 사슴의 뒤를 따라갔어. 몹시 배가 고팠거든.

반가운 목소리로

"아, 저기 숲이 있구나!"

한참을 달린 사슴은 숲 속에 숨으면 되겠다 싶었어.

그런데 이를 어쩌니? 그 동안 잘 달리던 사슴은 숲 속으로 들어가자 더 이상 마음대로 달릴 수가 없게 되었단다. 사슴이 자기 스스로 너무나 멋있다고 생각했던 뿔이 자꾸만 나뭇가지에 걸렸기 때문이야.

다급하게 헉헉대며

크고 위엄 있는 사슴의 뿔이 나뭇가지에 걸려 비틀거리는 사이에 사자가 바싹 뒤쫓아왔어. 그래서 결국 사슴은 사자에게 잡히고 말았지 뭐니.

죽음이 눈앞에 닥치자 사슴은 깊은 한숨을 몰아쉬면서 말했단다.

"아아, 나처럼 어리석은 사슴이 있을까? 내가 지금까지 불만스럽게 생각했던 다리는 내 목숨을 살릴 수 있었는데, 내가 그토록 자랑스럽게 여겼던 뿔이 나를 죽음으로 몰고 갈 줄이야!"

사/회/성/을/길/러/주/는/이/야/기

27. 잘난 척하는 모기

알맹이

등장 인물 : 모기, 사자, 거미　구연 예상 시간 : 3분

모기 한 마리가 잠자는 사자에게 다가가 자신이 더 강하다며 큰 소리를 쳤습니다. 잠이 깬 사자는 몹시 화가 나 모기를 잡으려고 날뛰었지만 잡지 못하고 다른 곳으로 피하고 맙니다. 그리고 우쭐해져서 날아다니던 모기는 그만 거미줄에 걸리는 신세가 됩니다.

세상에서 자기가 제일 잘난 것으로 착각하고 사는 사람들이 있습니다. 그들은 자신보다 더 잘난 사람은 없다고 생각하지요. 자신감을 갖는 건 좋지만 그것이 자칫 자만이나 교만으로 잘못 흐르면 안 되겠지요. 언제나 겸손해야 한다는 걸 이 이야기를 통해 아이들에게 가르쳐 주세요.

뜨거운 태양이 빛나는 무더운 여름날이었단다.

사자 한 마리가 나무 그늘 밑에서 잠을 자고 있었어. 더위를 피한 달콤한 낮잠이었지.

> 자는 척, 코고는 소리를 연출해 주세요.

"음냐, 음냐, 드르릉, 쿨쿨."

그 때, 어디선가 모기 한 마리가 날아와서 사자 주위를 앵앵거리며 날아다니기 시작했어.

> 애앵~ 애앵~ 하며 모기 울음소리를 내 주세요.

모기는 겁도 없이 사자의 머리 위에 내려앉았단다. 그리고 사자의 귀에 대고 의기양양하게 이렇게 말했어.

"네가 동물의 왕이라지만, 난 네가 전혀 두렵지 않아. 나보다 강하지도 않으니까 말이야. 만약 네가 정말로 강하다고 생각한다면 어디 한번 나에게 그 증거를 보여 줘 봐. 아무리 발톱으로 긁고 이빨로 물어 봐라, 나를 당할 수 있나. 나로 말하자면 너보다 힘이 몇 배 더 센 모기란다. 자신 있으면 어디 한번 싸워 보자고."

모기는 이렇게 말하면서 사자를 쏘았지. 그리고 사자의 콧구멍 속으로 날아 들어가서 여기저기를 마구 물었단다.

> 몸을 마구 긁어 대며

"아유, 가려워! 아유, 가려워!"

가려움을 견디지 못한 사자는 그 큰 몸을 버둥거렸어.

"그것 봐. 내가 뭐라고 했어. 사자 주제에 까불고 있어."

신이 난 모기는 사자 몸을 마구 물어 댔어.

"아이구, 사자 죽네. 아이구, 가려워, 엉엉."

사자는 엉엉 울면서 발톱으로 온몸을 긁어 댔단다.

코딱지보다 작은 모기 때문에 잠도 깨고 눈물까지 보인 사자는 몹시 화가 났어. 그래서 모기를 잡으려고 이리저리 몸을 꼬고 발을 휘저었지만 아무 소용이 없었단다. 아무리 사자라 하더라도 빠르게 날아다니는 모기를 잡을 수는 없었거든.

"내가 졌다, 내가 졌어. 항복이야, 항복!"

사자가 고개를 설레설레 흔들며 말했단다.

사자는 결국 모기를 잡으려던 것을 포기하고 다른 나무 그늘 밑으로 달아나 버렸어.

세상에서 가장 무섭다는 사자에게 이겼다고 생각한 모기는 기쁨에 겨워 하늘로 날아올랐단다.

그러나 승리의 기쁨도 얼마 있지 않아서 끝나고 말았어. 기분이 우쭐해서 날아다니던 모기가 그만 나뭇가지 사이에 있던 거미줄에 걸린 거야.

모기는 꼼짝없이 거미에게 잡아먹히는 신세가 되고 만 거지.

억울하다는 듯 주먹으로 가슴을 치며

"세상에, 이럴 수가! 모든 동물 중에서 가장 강하다는 사자도 굴복시킨 내가 한낱 거미에게 잡히다니!"

사/회/성/을/길/러/주/는/이/야/기

28. 항아리

> **알맹이**
>
> 등장 인물 : **흙항아리, 쇠항아리**   구연 예상 시간 : **2분 30초**
>
>   내가 아무리 상대방을 사랑한다고 해도 그 방법이 상대방을 오히려 괴롭히는, 자기 방식대로의 사랑이라면 성숙한 사랑이라고 할 수 없을 것입니다. 어떻게 하는 게 진짜 상대방을 위하는 것인가, 잘 헤아려야겠지요.
>   어느 농부의 집에 흙항아리와 쇠항아리가 있었습니다. 어느 날 홍수가 나서 항아리들은 물살에 떠내려가게 되었습니다. 한참 떠내려가다가 쇠항아리가 흙항아리를 발견하고 반가워서 다가가지만 물에 불을 대로 불은 흙항아리는 자꾸만 도망갑니다.

  어느 농부의 집에 흙으로 만든 항아리와 쇠로 만든 항아리가 있었단다.

  흙항아리와 쇠항아리는 제각기 쓰임새에 맞게 사용되었지. 농부는 흙항아리에는 물이나 쌀을 담았고 쇠항아리에는 돈이나 다른 금속을 넣었어.

그러던 어느 날 마을에 큰 홍수가 나지 않았겠니?

흙항아리와 쇠항아리도 그만 강물에 휩쓸려서 떠내려가게 되고 말았단다.

"어푸, 어푸, 여기가 도대체 어디야?"

물이 너무 많이 불어나서 숨쉬기도 힘들었지.

"살려 주세요, 살려 주세요."

여기저기 다른 물건들도 떠내려가면서 소리를 질렀지만 아무 소용 없었어.

한참 떠내려가던 쇠항아리는 한집에 있던 흙항아리를 발견했단다.

"아니! 저건 흙항아리 아니야?"

쇠항아리는 너무너무 반가웠어.

> 힘들게 물결을 헤치는 시늉을 하며

그래서 세찬 물살을 헤치며 흙항아리 곁으로 다가갔지.

"흙항아리야, 거기 있어. 나야, 나."

그러나 흙항아리는 쇠항아리가 가까이 다가가면 갈수록 자꾸만 달아나는 거야.

'이상하다. 날 못 본 건가?'

쇠항아리는 다시 한 번 손을 흔들며 흙항아리를 불렀어.

> 답답하다는 듯

"흙항아리야! 나라고, 나. 나, 쇠항아리야."

그러나 흙항아리는 쇠항아리가 다가가려고 하면 할수록, 점점 더 멀리 떨어지려고 애를 썼지.

쇠항아리는 흙항아리의 태도가 몹시 서운했어. 그래도 오랫동안 같은 집에 살았었는데 흙항아리가 하는 행동이 섭섭했던 거야. 그래서 다시 한 번 말했지.

몹시 서운해하는 표정으로

"흙항아리야, 지금 우리는 똑같은 곤경에 처해 있어. 이런 때일수록 우리가 함께 힘을 합해야 하지 않을까? 그런데 너는 어째서 자꾸 나를 피하기만 하는 거니?"

그러자 흙항아리가 대답했단다.

"날 위한다면 나한테서 멀리 떨어지도록 해. 우리가 서로 부딪치면 내 몸은 산산조각이 나고 만단 말이야. 네가 일부러 그러는 것이 아니라고 해도 네 몸이 나에게 조금이라도 닿으면 나는 당장 부서지고 말 거야."

사/회/성/을/길/러/주/는/이/야/기

29. 거북이와 토끼

> **알맹이**
>
> 등장 인물 : **거북이, 토끼**　구연 예상 시간 : **2분 40초**
>
> 자신의 약점을 알고 그 약점을 보완하기 위해 노력한다면 그 약점은 오히려 새로운 발전의 밑거름이 될 수 있습니다. 반대로 자신의 장점을 과신하여 자만하면 오히려 없는 것만 못하죠.
>
> 토끼와 거북이가 그랬습니다. 둘은 달리기 경주를 했습니다. 자신이 느리다는 걸 안 거북이는 쉬지 않고 달렸고, 자신이 빠르다는 걸 안 토끼는 늑장을 부리다가 결국 졌지요.
>
> 이 때, 만약 토끼가 쉬지 않고 달려갔다면 어땠을까요? 아니면 거북이가 자신은 토끼를 이길 수 없다며 미리 포기했더라면 또 어떻게 되었을까요?
>
> 여러 가지 형태의 질문을 아이에게 해 보고 아이가 자유롭게 상상하여 이야기할 수 있도록 해 보세요.

토끼가 길을 가다가 거북이와 만나게 되었단다.

깡충깡충 빠르게 뛰어가던 토끼는 느릿느릿 기어가는 거북이를 보며 한심하다는 생각이 들었어.

엉금엉금 기어가는 꼴이 우스웠거든.

개구쟁이 토끼는 거북이를 느림보라고 놀렸어.

리듬을 주어 노래하듯이

"거북이는 느림보래요! 거북이는 느림보래요!"

그러자 거북이가 토끼에게 말했지.

느리고 침착하게

"토끼야, 그렇게 걸음이 빠르다고 자랑하지 마. 누가 더 빠른지는 내기를 해 봐야 아는 거 아니니?"

> 하하하, 큰 소리로 비웃는 것처럼

　토끼는 그 말에 배꼽을 잡고 웃으면서 대답했어.

　"좋아좋아. 그렇다면 누가 더 빠른지 내기를 한번 해 보시지, 그래."

　거북이는 속이 상했지만 어쩔 수 없었단다.

　마침내 달리기 경주를 하는 날이 되었지.

　"어이, 거북이! 자신은 있겠지?"

　토끼가 빈정대며 말했어.

　"최선을 다할 거야."

　사실, 거북이가 할 수 있는 말은 이 말뿐이었단다.

　거북이와 토끼는 출발선에 나란히 섰어.

　"준비, 시이작!"

　출발 신호와 함께 토끼와 거북이는 달리기 경주를 시작했어. 건너편 산등성이에 먼저 도착하는 쪽이 이기는 것이었지.

　토끼는 당연히 자기가 더 빠르다고 생각하고 서둘러 깡충깡충 뛰어갔단다.

　토끼는 목표 지점의 절반까지 얼른 달려가서는 뒤를 돌아보았어.

　그런데 아직 거북이의 모습이 보이지 않는 거야.

> 양손을 허리에 얹고 배를 내밀고 잘난 체하며

"에이, 시시해. 거북이는 보이지도 않네. 여기에서 잠시 쉬었다 가야겠어."

토끼는 시원한 나무 그늘에 누웠단다. 그러다가 그만 깊이 잠이 들고 말았어.

하지만 자기의 걸음이 느리다는 사실을 알고 있는 거북이는 단 한 순간도 쉬지 않고 열심히 기어갔지. 땀을 뻘뻘 흘리면서 말야.

"쉬지 않고 최선을 다한다면 토끼를 이길 수 있을 거야."

거북이는 혼자 중얼거리며 열심히, 열심히, 기어갔단다.

얼마 후에 잠에서 깨어난 토끼는 깜짝 놀라 거북이가 어디까지 갔는지 찾아보았어.

어머나! 거북이는 벌써 산등성이 가까이 가 있었어. 토끼가 아무리 빨리 달려도 거북이보다 먼저 도착할 수는 없었지.

마침내 거북이는 경주에서 이길 수 있었단다.

사/회/성/을/길/러/주/는/이/야/기

30. 은혜 갚은 생쥐

> **알맹이**
>
> 등장 인물 : **사자, 생쥐**   구연 예상 시간 : **3분 40초**
>
> 생쥐가 낮잠을 자고 있던 사자 위에 올라가 놀다가 사자의 잠을 깨우고 말았습니다. 화가 난 사자 앞에 생쥐는 한 번만 살려 주면 은혜를 꼭 갚겠다고 했습니다. 사자는 그 말이 우스웠지만 인심 쓰듯 생쥐를 살려 줬습니다. 얼마 후, 사냥꾼의 그물에 걸린 사자를 생쥐는 살려 주었습니다. 은혜를 갚은 거죠. 자신보다 약하다고 무시하면 안 된다는 이야기지요. 언제, 어느 때, 자신보다 더 크고 힘있게 다가올지 모르는 일이니까요.

기분이 좋은 듯 배를 쓰다듬으며

"음, 잘 먹었다."

이제 막 점심 식사를 마친 사자가 나무 그늘로 가서 누웠어. 배는 부르고, 나무 그늘은 무척 시원했어. 그래서 기분이 마냥 좋았단다.

"슬슬 낮잠이나 자 볼까."

눈을 감고 잠에 빠진 듯 코를 드르렁거립니다.

사자는 금방 잠이 들었어.

그런데 그 때였어. 쪼르르르~ 작은 생쥐 한 마리가 사자의 몸 위로 기어올라온 거야. 생쥐는 사자의 몸 구석구석을 뒤지면서 신기해하고 재미있어했지.

"이 말랑말랑한 배 좀 봐."

생쥐는 사자의 배를 만졌단다.

"여기는 또 뭐지?"

그 바람에 사자는 잠이 깨고 말았단다. 사자는 아주 화가 났어.

> 오른손을 공중에서 한 번 휘두르며

"이 쪼그만 놈이!"

사자는 생쥐를 들어 땅바닥에 내동댕이쳤어. 생쥐가 찍! 소리를 내며 바닥에서 벌벌 떨었지. 사자는 허둥대는 생쥐의 꼬리를 붙잡고 고민했어.

'이놈을 어떻게 혼내 줄까.'

놀란 생쥐는 살려 달라고 빌고 또 빌었어.

> 두 손을 싹싹 비비며

"살려 주세요, 사자님. 제발 살려 주세요. 저는 너무 작아서 간에 기별도 안 갈 거예요. 그 대신 저를 살려 주시면 다음에 꼭 은혜를 갚겠어요."

사자는 기가 막혔어. 한 번 내동댕이치자 땅바닥에서 허우적대는 이 조그만 녀석이 동물의 왕 사자를 도와 준다고 하니 말이야.

> 한쪽 입꼬리를 슬쩍 올리고, 비웃는 표정으로

"뭐, 은혜를 갚겠다고? 너처럼 작은 녀석이 어떻게 나를 돕는단 말이냐?"

사자는 생쥐의 말이 우습기만 했어. 하지만 배도 부르고,

잠도 오고 해서 생쥐를 그냥 놓아 주었지. 그리고 그 일은 곧 잊어 버렸단다.

그 후 얼마가 지났어. 사자는 그 날도 어슬렁어슬렁 폼을 잡으며 산책을 하고 있었지.

그 때였단다. 순식간의 일이었지. 발에 뭔가 걸린다 싶더니만 갑자기 휘리릭! 사자는 사냥꾼의 덫에 걸리고 만 거야. 발버둥치면 칠수록 그물은 더 조여 왔어.

> 다급한 목소리로

"거기 누구 없어요. 누가 좀 도와 주세요. 으으릉."

그러나 아무도 도우러 오지 않았어.

그 때 그 생쥐가 나타났단다.

사자는 실망스러웠어. 나타나려면 호랑이나 치타같이 커다랗고 힘센 동물이 나타나지 생쥐같이 쬐그만 녀석이 뭘 할 수 있을까 싶었던 거야.

아무런 기대도 하지 않는 사자에게 생쥐가 말했어.

"걱정 마세요, 사자님. 제가 구해 드릴게요."

> 생쥐처럼 앞니를 내밀고 무언가를 가는 흉내를 내며

찍찍, 찍찍, 생쥐는 앞니로 그물을 갉아 대기 시작했어. 사자는 곧 그물에서 몸을 빼내고 달아날 수 있었단다. 생쥐의 도움으로 목숨을 구하게 된 거야.

자랑스러운 듯 가슴을 내밀며

"보세요, 제가 도움이 될 거라 그랬죠?"

생쥐가 생글생글 웃으며 말했어. 사자도 생쥐를 보며 흐뭇하게 미소지었단다.

사/회/성/을/길/러/주/는/이/야/기

31. 사자와 곰

알맹이

등장 인물 : **사자, 곰, 여우** 구연 예상 시간 : **2분 30초**

사자와 곰이 사냥을 하다가 새끼사슴을 가운데 놓고 싸우게 되었습니다. 둘은 조금도 양보하지 않고 싸우다가 결국 둘 다 지쳐서 쓰러지게 되고 새끼사슴은 마침 그 곳을 지나가던 여우 차지가 되고 맙니다.
처음부터 싸우지 말고 사이좋게 나누어 먹었더라면 얼마나 좋았을까요? 언뜻 생각하면 손해 보는 것 같지만 결국 서로 나누는 것이 행복의 지름길입니다. 이 이야기를 통하여 아이의 인성이 넉넉하게 형성될 수 있도록 노와 주십시오.

사자와 곰이 숲 속에서 사냥을 하고 있었단다.

둘 다 먹잇감을 찾지 못해 헤매고 있는데, 이게 웬 거야?

몸에 상처 입은 새끼사슴 한 마리가 쓰러져 있는 게 아니겠어? 사자와 곰은 동시에 새끼사슴에게 달려들었어. 그리고 동시에 새끼사슴을 붙잡았지. 사자와 곰은 둘 다 너무 배가 고팠기 때문에 조금도 양보하고 싶지 않았어.

그러자 사자가 곰에게 어흥거리며 달려들었단다.

어흥거리며 상대를 위협하는 손짓을 합니다.

"내가 먼저 잡은 거야. 다치기 싫으면 빨리 양보하는 게 좋을걸?"

그러나 굶주린 곰도 절대 물러서지 않았지.

"흥! 누가 할 소리! 사자, 자네나 물러서시지!"

곰과 사자는 서로 마주 서서 노려보고 으르렁거렸어. 그리고 누가 먼저랄 것도 없이 엉겨붙어 싸우기 시작했지.

사자는 날카로운 이빨로 곰을 물어뜯었고, 곰은 두터운 발로 사자를 내리쳤어. 둘 다 쉽게 포기하지 않았지. 곰과 사자 모두 피를 흘리고, 너무 지쳐 갔어.

힘들어서 헉헉대며

"아유, 팔이야, 헉헉."

"아유, 다리야, 헉헉."

너무 힘들게 싸운 나머지, 사자와 곰 모두 쓰러지고 말았지. 손 하나 까딱하지 못하고 쓰러져 있으면서도 계속 서로를 노려보고 있었어.

그런데 그 때 마침 지나가던 여우가 이 희한한 광경을 보게 되었단다. 여우의 눈엔 새끼사슴과 사자와 곰이 각기 흩어져 쓰러져 있는 모습이 이상했어.

자세히 보니, 곰과 사자는 눈은 뜨고 숨은 쉬고 있었지만 움직일 것 같지 않았어.

<흐흐흐, 음흉하게 웃으며>

"이게 웬 행운이야. 새끼사슴은 내가 먹으면 되겠네."

여우는 재빨리 새끼사슴을 입에 물고 달아나 버렸단다. 곰과 사자는 너무 분했지만 쫓아갈 힘이 하나도 없었어. 일어설 기운조차 없었으니까. 그렇게 여우가 새끼사슴을 물고 가는 걸 눈을 뜬 채 보고 있을 수밖에 없었지.

둘은 한 목소리로 이렇게 한탄했단다.

"여우에게만 좋은 일을 하다니……. 우리가 어리석었어."

사/회/성/을/길/러/주/는/이/야/기

32. 까마귀와 개

> **알맹이**
>
> 등장 인물 : **까마귀, 개**　구연 예상 시간 : **1분 40초**
>
> 　까마귀가 아테나 여신을 위해 제사를 준비하고 옆집에 사는 개를 초대했습니다. 개는 자신을 싫어하는 신에게 제사를 드리는 까마귀가 못마땅했습니다. 그러나 까마귀는 바로 그렇기 때문에 아테나와 화해하고 싶어서 제사를 드리는 거라고 했습니다.
>
> 　친한 사람과 잘 지내는 것은 쉬운 일이에요. 그러나 그렇지 못한 사람과 잘 지내기 위해 정성을 들이는 일은 쉬운 일이 아니지요. 아이에게 쉽지 않지만 해야만 하는 일에 대해 가르쳐 주세요.

　까마귀 한 마리가 아테나 여신을 위한 제사를 준비하고 있었단다. 이 까마귀는 미래를 예언할 줄 아는 새였지.

　까마귀는 정성껏 제물을 준비한 뒤 옆집에 사는 개를 제사에 초대했어.

　"아테나를 위한 제사에 꼭 와 줘."

　까마귀의 초대를 받고 찾아온 개는 정성껏 마련된 제물을 보고 고개를 절레절레 저었단다.

한심하다는 표정으로

　"너는 왜 이렇게 쓸데없는 일을 하는 거야?"

　까마귀는 무슨 영문인지 몰라 개를 쳐다보았어.

　"그게 무슨 소리야?"

　개는 까마귀를 위해 바른 말을 해 줘야겠다고 생각했단다.

　"네가 아무리 아테나를 위해 제물을 준비하고 정성껏 제사를 드려도 아무 소용이 없단 말이야. 다 시간 낭비라고."
그러나 까마귀는 태연하게 말했단다.

진지한 표정으로

"신께 드리는 시간과 돈이 낭비라고 생각하지 않아."
개는 그런 까마귀가 한심했어.

아니라는 듯, 고개를 저으며

"네가 이렇게 정성을 드린다고 해도 아테나 신이 알아줄 것 같아? 아테나는 너를 싫어한단 말야. 네가 미래에 대해 예언하는 것도 믿지 않고 있어."
까마귀는 개의 말을 다 듣고 나서 천천히 말했단다.
"바로 그것 때문이야. 아테나 신이 나를 밉게 보는 걸 알기 때문에, 아테나 신과 화해하고 싶은 거야."

사/회/성/을/길/러/주/는/이/야/기

33. 늙은 말

알맹이

등장 인물 : 말, 주인, 마을 사람들   구연 예상 시간 : 1분 50초

> 사람이건 동물이건 세월 앞에는 장사가 없는 것 같습니다. 아무리 힘세고 활동이 왕성해도 세월이 흐르면 사정이 달라지지요. 지혜로운 사람이라면 그런 자연의 이치를 빨리 깨달아 준비하는 삶을 살 것입니다.
> 튼튼하고 날렵한 말이 있었습니다. 경주에 나가 여러 번 일등을 했지요. 그랬던 말도 세월이 흐르자 더 이상 경주용 말로는 쓸모가 없게 되어 연자방아를 돌리는 신세가 되고 맙니다.

어느 마을에 튼튼하고 날렵한 말이 있었단다.

말이 워낙 잘 달리고 튼튼했기 때문에 사람들은 그 말을 아주 좋아했지.

그 말이 달리는 모습을 본 사람들은 저마다 한 마디씩 칭찬을 아끼지 않았어.

감탄하며

"어쩜, 멋지기도 해라."

"세상에 이 말보다 더 멋진 말은 없을걸요."

말은 마을 사람들이 자신을 칭찬할 때마다 기분이 좋아 더욱 잘 달리기 위해 노력했단다.

드디어 말은 경주에 나가게 되었어. 주인은 말의 갈기를 쓰다듬으면서 말했지.

자신감 있게 목소리에 힘을 주어

"너는 분명히 우승할 거야. 너는 아주 빨리 달릴 수 있어."

주인의 격려를 받고 경주에 나간 말은 열심히 달려서 우승했단다. 그것도 다른 말보다 훨씬 빠른 속도로 결승점에 도착했어.

"야, 잘한다."

"와, 최고다!"

경마장에 있던 사람들은 모두 열광했단다. 그 말은 지금까지 우승했던 그 어떤 말보다 빨랐지.

그 후에도 말은 여러 번이나 경주에서 우승을 차지했단다. 그래서 사람들은 그 말을 최고의 말이라고 불렀어.

그렇게 몇 년이 흘러갔단다. 말도 그만큼 나이를 먹었지.

> 노인 같은 목소리로

"이제는 달리는 게 힘이 드는구나. 우승은 어림도 없는 소리지."

말이 말했어. 젊고 빠른 말들이 그 말을 앞질렀던 거야.

그러자 주인은 말을 시골의 어느 농부에게 팔아 버렸단다. 농부는 말을 방앗간으로 데리고 갔어. 그리고 연자방아와 연결된 멍에를 씌웠지.

방아를 찧기 위해 멍에를 쓴 말은 슬픈 목소리로 중얼거렸단다.

"경마 코스를 돌고 있던 내가 연자방아를 돌리는 신세가 되다니!"

사/회/성/을/길/러/주/는/이/야/기
34. 수탉과 자고새

알맹이

등장 인물 : 자고새, 수탉, 암탉   구연 예상 시간 : 2분 50초

농장 주인이 자고새를 사다가 닭장에 넣었습니다. 그러나 닭들은 자기네와 다른 자고새를 받아들이지 않고 따돌립니다. 다르다는 이유로 외톨이가 된 자고새는 농장 주인을 원망하지요. 그러나 수탉들끼리도 싸우는 걸 보고 불평할 일이 아니라는 것을 깨닫습니다.
이러면 이래서, 또 저러면 저래서 싸움이 붙고 시비가 붙는 세상살이를 풍자한 이야기지요. 우리 아이들이 가는 곳마다 평화를 만드는 사람으로 자라 준다면 얼마나 좋을까요?

농장에서 닭을 기르는 사람이 있었는데 어느 날 시장에 가서 자고새를 한 마리 샀어. 닭들이랑 같이 기를 생각이었던 거지.

그 사람은 자고새를 집으로 가져와서 닭장 속에 넣었단다.

자고새는 처음 얼마 동안에는 닭들과 함께 있는 것이 서먹서먹했지만 새로운 집이 생긴 것이 기뻤어. 그래서 즐거운 마음으로 닭들에게 인사를 했단다.

> 부드럽고 다정하게

"안녕? 나는 자고새라고 한단다. 너희들과 같이 살게 되어서 기뻐. 앞으로 잘 부탁해."

어머나! 그런데 닭들의 태도는 아주 차가웠어. 처음엔 자고새를 보는 둥 마는 둥 하더니, 나중엔 자고새를 헐뜯고 따돌리기 시작했단다.

> 퉁명스럽고 거만하게

"저 녀석은 또 뭐야? 우리하고 다르게 생겼잖아."
"잘 부탁한다고? 웃기고 있네."

하지만 자고새는 닭들과 친하게 지내고 싶었어.

> 눈썹을 내리고, 애처롭게

"그러지 말고 우리 친하게 지내자."

자고새가 이렇게 다정하게 굴었지만, 닭들은 쉽게 자고새를 받아들이지 않았어.

> 옆으로 홱 손짓을 하며

"비켜! 내 옆으로 오지 말라고."

닭들은 저마다 한 마디씩 했지.

특히 수탉들은 자고새가 닭장 속으로 들어오게 된 것이 무척 못마땅했어. 수탉들은 새로 들어온 자고새를 계속 쫓아다니면서 못살게 굴었단다.

> 험악하게

"이봐, 꺼지라고."

"저리 비켜!"

"이상하게 생겨 가지고······."

자고새가 모이를 먹으려고 하거나 잠을 자려 하면 부리로 쪼고 발톱으로 할퀴면서 귀찮게 굴었지.

자고새는 몹시 속이 상했어.

> 슬픔이 가득한 목소리로

'내가 어쩌다가 닭장에 들어왔단 말인가? 주인님도 참 너무하시지. 서로 다른 그들과 나를 함께 두어서 이런 괴로움을 당하게 하다니······.'

자고새는 슬픔에 빠져 주인을 원망했단다.

그런데 그 때였어. 수탉 두 마리가 싸우기 시작하는 거야.

> 삿대질을 해 가며

"여긴 내 땅이야!"

"무슨 소리! 여긴 내 땅이라고."

수탉들은 피를 볼 때까지 싸움을 멈추지 않았어.

자고새는 한숨을 쉬면서 이렇게 중얼거렸단다.

"저 닭들이 나를 못살게 군다고 해서 불평할 일이 아니구나. 자기네끼리도 양보를 할 줄 모르는 녀석들이니 말이야."

사/회/성/을/길/러/주/는/이/야/기

35. 초원을 달리는 야생마

알맹이

> 등장 인물 : **야생마, 망아지**   구연 예상 시간 : **2분 50초**
>
> 힘도 없고 체격도 작은 어린 망아지를 무시하는 야생마가 있었습니다. 어린 망아지는 야생마의 등살에 늘 뒤에서 지냈습니다. 그러나 겨울이 지나고 다시 봄이 왔을 때, 망아지는 야생마가 도저히 따라잡을 수 없을 정도로 멋지게 변합니다.
>
> 우리 아이들도 지금은 이 이야기 속의 망아지처럼 어리고 힘이 없어 보이지만 이제 머지않아 멋진 어른이 될 것입니다. 지금은 힘이 없는 아이라고 함부로 대하고 무시하면 안 되겠지요.

초원을 여행하던 야생마 한 마리가 있었단다.

"어디 물이 좀 없을까? 목이 마른걸."

야생마는 물을 마실 만한 곳을 찾아보았어.

"아, 저기가 좋겠군."

야생마는 시냇물을 발견하고 그 곳으로 갔단다. 그 곳엔 어린 망아지가 물을 마시고 있었어. 그 망아지는 아직 갈기도 별로 없고 체격도 작았지. 다리는 또 얼마나 가느다랗던지 거친 들판을 달리지도 못할 것 같았어.

야생마는 어린 망아지를 무시하면서 말했단다.

> 퉁명스럽게

"저리 비켜! 내가 먼저 물을 마셔야겠다. 너는 내가 마신 다음 마시도록 해."

야생마는 그 자리를 차지한 채 먼저 물을 마셨어.

어린 망아지는 야생마가 물을 다 마시자 그제야 천천히 물을 마셨단다.

야생마는 어린 망아지가 도무지 마음에 들지 않았어.

"너처럼 작고 약한 녀석이 어떻게 초원에서 살아갈 수 있겠니? 늑대가 따라오면 당장 잡아먹히고 말걸. 어서 엄마 품에나 가."

야생마가 길게 자란 갈기를 휘날리면서 말했어.

> 힘없이 고개를 푹 숙이고 있는 초라한 모습을 보여 주세요.

어린 망아지는 그 말을 듣고 아무런 대답도 하지 못했단다. 그저 묵묵히 고개만 숙이고 있었지.

"쯧쯧. 초라한 네 꼴이 우습구나. 말이라면 적어도 나 정도는 되어야지."

건장한 야생마는 들판을 빠르게 달려갔어.

하지만 어린 망아지는 강둑에 나 있는 풀을 뜯어 먹고 있을 뿐이었지.

야생마는 초원을 마음껏 누비면서 어린 망아지에 대한 생각은 까마득히 잊어버렸단다.

시간은 흘러흘러 추운 겨울이 되었어. 강물은 모두 얼어붙고 풀들도 어느덧 시들고 말았지.

> 추워서 덜덜 떨며

"춥고 배고프구나. 빨리 봄이 와야 할 텐데."

야생마가 덜덜 떨며 말했단다.

마침내 봄이 되자 야생마는 활기를 되찾았지. 야생마는 풀을 뜯어 먹기 위해 걸어가다가 초원을 달리는 멋진 말을 발견했어. 그런데 이게 웬일이니? 그 말은 야생마가 작년에 강가에서 보았던 어린 망아지였던 거야. 그 사이에 어찌나 멋져졌는지, 못 알아볼 뻔했던 거 있지!

야생마는 그 말을 따라잡기 위해 열심히 달렸단다. 하지만 아무리 있는 힘껏 빨리 달려도 그 말을 따라잡을 수가 없었어.

야생마는 숨을 헐떡이면서 말했단다.

> 몹시 헉헉대며

"도대체 어떻게 된 거야? 그렇게 작고 허약하던 녀석이 지금은 나보다 더 빨리 달리잖아."

야생마는 자신의 생각이 얼마나 짧았는지를 깨달은 거야.

사/회/성/을/길/러/주/는/이/야/기

36. 제우스 신과 여우

알맹이

등장 인물 : **제우스, 여우, 풍뎅이**   구연 예상 시간 : **3분**

  동물들의 왕을 뽑기 위해 동물들을 유심히 살피던 제우스는 가장 총명한 여우를 왕으로 삼기로 하고 왕으로서의 행동가짐을 다짐받습니다. 제우스는 여우가 신분의 변화에 따라 정말 변했을까 시험해 보려고 여우가 타고 가는 가마 앞에 풍뎅이 한 마리를 풀어 놓습니다. 그 풍뎅이를 잡아먹기 위해 이리저리 날뛰는 여우를 보고 제우스는 여우를 다시 평범한 동물로 만든다는 이야기입니다.
  말과 행동은 외형적인 신분이 변했다고 해서 하루 아침에 변하는 것이 아니지요. 그것은 아주 오랫동안 몸과 마음에 배어야만 자연스럽게 흘러나오는 것입니다. 그런 점에 초점을 맞추어 이 이야기를 읽어 주세요.

  모든 신들의 왕 제우스는 동물들을 위해 왕을 뽑기로 했단다. 그래서 땅을 내려다보면서 동물들의 행동을 유심히 살폈지. 적당한 동물을 찾기 위해서 말이야.

> 손차양을 하고 이리저리 둘러보며

  "흠, 어느 동물이 좋을까?"
  사자는 몹시 용감했으며 곰은 힘이 셌어. 백조는 우아했으며 공작은 아름다웠지.

동물들을 살피던 중에 제우스는 여우를 발견했어.

제우스는 여우가 총명하다는 사실을 알게 되었단다. 그래서 여우에게 왕의 자리를 주기로 결정했어. 그래서 여우를 불러서 말했어.

<신처럼 신비롭게>

"여우야, 너를 동물의 왕으로 삼겠다. 네가 왕이 된다면 탐욕을 부리지 않고 다른 동물들을 위해서 숲 속 나라를 잘 다스릴 수 있겠느냐?"

왕이라는 말에 여우는 너무너무 기뻤어.

"예, 제가 왕이 된다면 숲 속 나라의 모든 동물들이 행복하게 살 수 있도록 하겠습니다. 꼭 그렇게 만들겠습니다."

여우는 자신 있게 말했단다.

제우스의 결정에 따라 여우는 숲 속 나라의 왕이 되었어.

그런데 말야, 제우스는 걱정이 되었단다. 제우스는 왕이 된 여우가 과연 그 타고난 욕심을 버렸는지 알 수가 없었거든. 그래서 여우를 시험해 보기로 했단다.

여우가 가마를 타고 거리를 지나고 있을 때였어. 제우스는 그 가마 행렬 앞에 풍뎅이 한 마리를 풀어 놓았단다. 풍뎅이는 여우가 평소 즐겨 먹는 간식이었거든.

<몹시 반가워하며>

"저게 뭐야? 내가 좋아하는 풍뎅이 아니야?"

풍뎅이를 발견한 여우가 눈을 반짝였단다.

> 먹고 싶다는 뜻으로 입맛을 다시며

"정말, 맛있겠다. 먹고 싶어."

풍뎅이가 눈앞에서 날아다니는 것을 본 여우는 입에 군침이 돌아서 참을 수가 없었어.

"에라, 모르겠다."

여우는 가마 밖으로 뛰쳐나갔어.

> 날아다니는 풍뎅이를 잡기 위해 이리저리 날뛰는 모습을 보여 주세요.

"얍! 어, 놓쳤네. 어디 다시 한 번. 얍!"

여우는 풍뎅이를 잡아먹기 위해 이리저리 날뛰었어.

왕의 체통이고 뭐고 이리저리 뛰어다니는 여우의 모습을 본 제우스는 화가 났단다.

> 화를 내는 말투로

"어허, 동물의 왕이란 놈이 풍뎅이 하나 때문에 저렇게 날뛰고 있단 말이냐? 너는 동물의 왕이 될 자격이 없는 것 같구나!"

제우스는 이렇게 말하고, 여우를 다시 평범한 짐승으로 만들어 버렸단다.

여우는 늦게서야 후회를 했지만 소용 없었지.

사/회/성/을/길/러/주/는/이/야/기
37. 사냥개와 집 지키는 개

알맹이

등장 인물 : **사냥개, 집 지키는 개, 사냥꾼** 구연 예상 시간 : **2분 40초**

　사냥개와 집 지키는 개가 있었습니다. 사냥개는 자신이 힘들게 사냥해 온 먹이를 집에 편히 앉아서 먹기만 하는 집 지키는 개가 미웠습니다. 그러나 집 지키는 개는 자신을 탓하지 말고 주인을 탓하라고 합니다.
　말은 그렇게 하지만 집 지키는 개도 산으로, 들로 마음껏 쏘다니는 사냥개가 부러웠을 것입니다. 종일 집에만 매여 있는 일인들 어디 쉬운가요? 아이는 어느 역할을 더 하고 싶어할까요? 자신의 위치에 만족하며 사는 것이 행복하다는 것을 심어 주세요.

　어느 사냥꾼이 개 두 마리를 기르고 있었어.

　한 마리는 몸집이 크고 날렵해서 사냥개로 쓰기에 아주 좋았지.

단호한 말투로 명령하듯

　"너는 나와 함께 사냥을 한다, 알았지?"

　사냥꾼이 몸집이 큰 개를 보고 말했어.

　그리고 또 한 마리는 몸집은 작지만 귀가 밝고 영리해서 집을 지키기에 적당했단다.

> 부드러운 말투로 명령하듯

"너는 우리가 사냥을 나가면 집을 지킨다, 알았지?"

그 날부터 사냥꾼은 몸집이 커다란 개를 사냥개로 훈련시켰단다.

> 훈련한다는 뜻으로 구령을 부칩니다.

"하나, 둘! 하나, 둘!"

"다시 한 번. 하나, 둘. 하나, 둘."

그리고 사냥을 나갈 때마다 데리고 갔어.

사냥개는 고된 일을 해야만 했단다. 눈이 펑펑 쏟아지는 겨울이나 무더운 여름에도 주인을 따라서 산으로 들로 헤매고 다녀야만 했거든.

그뿐이 아니었어. 때로는 총에 맞아서 떨어진 꿩을 줍기 위해 가시덤불 속을 헤치기도 하고 사나운 멧돼지와 맞서 싸우다가 큰 부상을 입기도 했고, 또 정신 없이 뛰다가 절벽에서 떨어질 뻔한 위험한 순간도 있었단다.

이렇게 사냥개가 힘들게 사냥을 하고 헉헉대며 돌아오면, 집을 지키는 개는 그 때까지 따뜻한 집 안에서 잠만 자고 있는 거야.

> 집을 지키는 개가 편안하게 자는 척

"드르릉, 쿨쿨. 드르릉, 쿨쿨."

게다가 집을 지키는 개는 꼬리를 흔들면서 주인에게 달려와 온갖 아양을 다 떨었지. 주인은 사냥한 먹이를 집 지키는 개에게 나누어 주었단다.

사냥개는 편안하게 자다가 먹이를 얻어먹는 집을 지키는 개에게 화가 났어.

'쳇, 고생은 내가 했는데…….'

어느 날 참다 못한 사냥개는 집 지키는 개에게 말했단다.

화가 나서 씩씩거리며

"나는 나가서 땀을 뻘뻘 흘리고 사냥감을 물어 오는데, 너는 왜 아무것도 하지 않고 번번이 내가 잡아온 먹이를 얻어먹는 거니?"

그러자 집을 지키는 개가 태연하게 말했단다.

"그건 우리 주인을 탓해야지, 나를 탓하면 안 되는 거야. 주인은 내게 일하지 말라고 가르쳤거든. 그건 나의 몫이야. 네가 사냥을 하는 게 너의 몫이듯이 말이야."

사/회/성/을/길/러/주/는/이/야/기
38. 모기와 황소

> **알맹이**
>
> 등장 인물 : **모기, 황소**　구연 예상 시간 : **2분 20초**
>
> 　자신이 무척 잘났다고 생각하는 모기가 있었습니다. 이 모기는 황소 뿔 위에 내려앉아 우쭐거리고 있다가 황소가 자기 때문에 힘들어하지나 않을까 걱정합니다. 그대로 날아가기도 미안해서 황소의 의견을 물어 보지만 황소는 모기가 그 곳에 있었다는 사실조차 모른 채 파리를 쫓고 있습니다. 결국 모기는 파리만큼도 영향을 주지 못한다는 것이죠.
> 　황소야 어떻게 생각하든 자신을 귀한 존재라고 믿고 있는 가여운 모기에게 손을 들어 주고 싶은데 아이들은 모기를 보고 웃겠네요.

잘난 척하는 모기 한 마리가 있었어.

그 모기는 자신이 세상에서 무척 중요한 존재라고 믿고 있었지.

어느 무더운 여름날이었단다.

"날씨가 무척 덥네. 옳지, 저기서 좀 쉬어야겠다."

더위에 지친 황소가 시원한 나무 그늘 밑으로 들어갔어. 황소는 그늘 밑에서 되새김질을 하며 잠시 쉬고 있었지.

낮잠을 자듯 쩝쩝거립니다.

그런데 잘난 척하는 모기가 그 근처를 날아다니다가 그늘 밑에서 쉬고 있는 황소를 발견했단다.

"아, 저기서 좀 쉬었다 갈까?"

모기는 황소의 뿔 위에 의젓하게 내려앉았단다. 매끈매끈한 게 아주 좋았지.

> 손나팔을 하고 함성을 지르며

"미끌미끌하고 시원하니 참 좋구나. 소리나 한번 질러 볼까? 야호!"

황소의 뿔 위에 앉아서 세상을 둘러보니까 주위의 모든 것들이 마치 자기를 우러러보는 것 같았어. 황소도 모기가 찾아 온 것을 기쁘게 생각하는 듯 두 눈을 지그시 감고 입을 우물거리고 말이야.

황소의 뿔 위에 앉아서 우쭐거리던 모기는 문득 자신이 너무 오랫동안 뿔 위에 앉아 있어서 황소가 힘들어하는 것은 아닐까 하는 생각이 들었단다.

그렇다고 해서 이대로 날아가 버리면 너무 금방 가 버렸다고 황소가 오히려 섭섭해할지도 모르는 일이어서 그럴 수도 없었지.

그래서 모기는 황소에게 물어 보기로 했어.

> 귀여운 목소리로

"황소야, 내가 너무 오랫동안 앉아 있어서 힘들지 않았니? 이제 그만 떠날까? 아니면 내가 좀더 네 곁에 있어 주는 게 좋겠니?"

그러자 황소는 천천히 눈을 뜨면서 모기를 바라보았단다. 그리고 꼬리로 엉덩이에 붙은 파리를 쫓으면서 귀찮다는 듯이 대답했어.

> 굵고 덤덤한 분위기로

"나는 지금까지 네가 내 뿔 위에 앉아 있다는 것도 모르고 있었단다. 네가 앉아 있든 날아가든 난 아무 상관 없어. 그러니까 네 마음대로 하렴. 이놈의 파리는 왜 이리 극성이람."

> 실망한 표정을 지으며

"뭐라고?"

모기는 울듯한 표정으로 멀리 날아가 벼렸단다.

사/회/성/을/길/러/주/는/이/야/기

39. 원숭이와 돌고래

> 알맹이

등장 인물 : **원숭이, 돌고래** 구연 예상 시간 : **2분 50초**

원숭이가 주인과 여행을 하다가 폭풍을 만났습니다. 사람들을 구하러 왔던 돌고래가 원숭이를 사람으로 알고 대우하자 원숭이도 자신이 사람인 것처럼 하다가 탄로가 나고 맙니다.

우리 주위에도 이런 유형의 사람들이 많이 있지요. 속은 텅 비었으면서 허풍스러운 사람들. 그렇게 되지 않도록 늘 조심해야겠지요.

어느 날, 한 남자가 원숭이 한 마리를 데리고 여행을 떠났
단다.

옛날부터 여행자들이나 선원들은 먼 바다로 여행을 떠날
때, 지루함을 달래기 위해 애완용 동물을 데리고 가는 경우가
많았거든.

항구에서 배에 올라타는 원숭이는 신이 났어. 배라는 것은
처음 타는 거였거든.

그런데 배가 바다 한 가운데쯤 갔을 때, 갑자기 거센 폭풍
이 불어 왔단다.

> 배 안에서 이리저리 흔들리듯 몸을 흔들어 주세요.

"으악, 이거 큰일났는걸."

"모두들 어서 대피하세요!"

사람들이 지르는 소리로 배 안은 정신이 없었어.

그러나 결국 배가 뒤집혀 원숭이와 다른 많은 사람들이 물
속에 빠졌지 뭐니?

> 등을 들이대고 업히라는 듯

"제 등에 업히십시오. 제가 도와 드리겠습니다."

다행히 돌고래가 사람들은 구하기 위해 나타났어. 돌고래
는 원숭이가 사람인 줄 알고 원숭이를 등에 업고 해안까지 헤
엄쳐 갔단다.

원숭이를 등에 태운 돌고래는 항구를 향해 가까이 다가갔어. 돌고래는 등에 탄 원숭이에게 물었단다.

"당신은 아테네 사람인가요?"

잘난 척하며

"네, 맞습니다."

원숭이는 목소리에 힘을 주어 말했지.

"우리 부모님으로 말할 것 같으면 아테네에서는 누구나 알아주는 유명한 사람이지요."

원숭이는 계속 잘난 척했단다.

뽐내듯이

"우리 부모님은 이제 곧 당신에게 큰 상을 내릴 것입니다. 당신이 이렇게 날 살려 줬으니 말입니다."

원숭이는 허풍까지 떨었지.

그러자 돌고래가 물었어.

"그렇다면 피래우스를 잘 알고 있겠군요."

피래우스는 항구의 이름이었어. 하지만 원숭이는 그 사실을 몰랐단다.

원숭이는 그것이 사람의 이름일거라고 생각하면서 잔뜩 거드름을 피웠단다.

우스꽝스럽게, 거드름을 피우며

"물론 잘 알고 있어요. 그 사람은 내가 가장 친하게 지내는 친구 중의 한 사람이니까……."

돌고래는 그 대답을 듣고 자기가 구출한 사람이 거짓말쟁이라는 사실을 알게 되었지.

아이가 생각해 보고 뒤를 상상해서 말할 수 있도록 이끌어 주세요.

원숭이의 새빨간 거짓말에 화가 난 돌고래는 원숭이를 등에 태운 채 깊은 바닷속으로 쏘옥, 들어가 버렸단다. 어떻게 되었겠니?

사/회/성/을/길/러/주/는/이/야/기

40. 은혜 갚은 개미

알맹이

등장 인물: **개미, 비둘기, 사냥꾼** 구연 예상 시간: **2분 30초**

사람은 서로 어울려서 도와 가며 살아가게 되어 있지요. 그런데 요즘은 개인주의가 만연하여 나만 괜찮으면 된다는 이기 외시이 팽배한 것 같습니다. 이런 이야기를 통하여 서로 돕는 상부상조의 정신이 얼마나 아름다운지 깨달았으면 좋겠습니다.

물에 빠진 개미를 비둘기가 구해 주었습니다. 그 고마움을 간직하고 있던 개미는 비둘기가 사냥꾼의 총부리 앞에 놓인 위험한 순간에, 결정적인 도움을 주지요.

무더운 여름날, 개미가 열심히 일을 하고 있었어.

> 헉헉대며

"물을 좀 마셔야겠구나. 목이 마른걸."

개미는 시냇가로 갔단다. 그런데 며칠 전에 내린 비 때문에 시냇물은 잔뜩 불어나 있었고 물살도 세찼어.

개미는 좀더 얕은 곳을 찾아다녔어. 그러다가 그만 발이 미끄러져서 물 속에 빠졌단다.

> 다급하게 소리치면서

"도와 주세요. 도와 주세요."

개미는 허우적거리면서 빠져 나오려고 애를 썼지만 세찬 물살 때문에 빠져 나올 수가 없었어.

때마침 하늘을 날고 있던 비둘기가 물에 빠진 개미를 보고, 작은 나뭇가지를 부러뜨려서 개미에게 던져주었어.

> 멀리서 소리치는 느낌으로

"이 나뭇가지를 붙잡도록 해."

비둘기가 개미를 향해 소리쳤어. 개미는 비둘기가 던져 준 나뭇가지 위로 기어 올라가서 간신히 살아날 수 있었단다.

"고맙습니다, 고맙습니다. 비둘기님!"

개미는 깊이 고개를 숙여 인사를 했지.

그리고 며칠이 지났어.

사냥꾼이 사냥을 나왔다가 비둘기를 발견했단다.

> 위를 향해 총을 겨누는 시늉을 합니다.

"하하하, 이런 운이 좋을 때가 있나!"

사냥꾼은 무척 만족한 표정이었어.

하지만 나무 꼭대기에 앉아서 벌레를 쪼아 먹고 있던 비둘기는 그 사실을 전혀 모르고 있었지 뭐니.

> 다급한 목소리로

"큰일났구나. 비둘기가 위험해."

이 광경을 본 개미는 서둘러 사냥꾼이 있는 곳으로 갔단다. 개미는 어떻게 해서든 비둘기를 구하고 싶었어. 개미는 위험을 무릅쓰고 사냥꾼의 발등 위로 올라갔지. 그리고 있는 힘을 다해 사냥꾼의 발가락을 깨물었어.

> 깜짝 놀라며 소리칩니다.

"아야!"

깜짝 놀란 사냥꾼은 비명을 지르면서 활을 떨어뜨리고 말았단다. 그 소리를 듣고 사냥꾼을 발견한 비둘기는 하늘 높이 날아올랐단다. 무사히 말이야.

> 진심으로 고맙다는 말투로

"개미야, 고마워. 정말 고마워."

비둘기도 개미에게 인사를 했단다.

III

탐구심을

길/러/주/는/이/야/기

탐/구/심/을/길/러/주/는/이/야/기
41. 갈대와 올리브나무

알맹이

등장 인물 : 갈대, 올리브나무   **구연 예상 시간 : 2분 40초**

세상엔 겉은 약해 보이나 속이 강한 사람도 있고, 반면에 겉은 강한 것 같은데 속이 약한 사람이 있습니다.

이 글의 갈대와 올리브나무가 그렇습니다. 평소에 자신이 약하다고 생각한 갈대는 튼튼해 보이는 올리브나무가 늘 부러웠습니다. 올리브나무는 바람이 조금만 불어도 이리저리 흔들리는 갈대가 한심스러웠죠.

그러다가 태풍이 왔습니다. 갈대는 부드러운 몸짓으로 고개를 숙이면서 인사를 하기도 하고 바람을 피해 몸을 낮게 숙이기도 하면서 살아남습니다. 그러나 올리브나무는 바람에 맞서다가 부러지고 말지요.

아이가 겉은 부드러우면서도 속은 강인한 외유내강형으로 자라 준다면 얼마나 좋을까요?

어느 호숫가에 갈대와 올리브나무가 살고 있었어.

올리브나무는 몸통이 굵고 가지와 잎이 무성하게 자라서 아주 단단해 보였지. 그에 비해 갈대는 가늘고 연한 몸을 가지고 있었단다. 그래서 바람이 조금만 불어도 허리를 숙이면서 이리저리 흔들렸어.

두려워하며

"아아, 내 몸이 막 흔들려. 어쩌면 좋아."

갈대는 바람이 불 때마다 소리쳤어.

올리브나무는 그런 갈대를 보면서 은근히 비웃었단다.

<한심하다는 말투로>

"갈대야, 그렇게 겁이 많아서 어떻게 살아갈 수 있겠니? 산들바람에도 이리저리 흔들리는 네 모양이 정말 우스워, 하하하!"

하지만 갈대는 아무런 대답도 하지 않았단다. 그저 바람이 불면 부드러운 몸짓으로 고개를 숙이면서 인사를 했어.

"바람 아저씨, 안녕하세요?"

스치고 지나가는 바람들은 본체만체했지만 말이야.

그러던 어느 날이었단다.

"쾅! 쿠르릉, 쾅!"

맑던 하늘이 갑자기 어두워지면서 먹구름이 온통 하늘을 뒤덮기 시작하는 거야. 그리고 천둥과 번개가 치면서 바람이 심하게 불었어. 폭풍이 온 거지.

폭풍이 불어 오자 올리브나무는 으스대면서 갈대를 놀려 댔단다.

<우쭐대며>

"바람이 심하게 부는구나. 갈대야, 나는 걱정 없지만 너는

그 몸으로 어떻게 할 거야? 쯧쯧, 안 됐구나."

갈대는 아무 말도 할 수 없었어. 갈대는 올리브나무가 부러울 뿐이었지.

올리브나무는 나뭇가지를 흔들면서 꿋꿋하게 버텼어. 그러나 갈대는 이리저리 세차게 몰아치는 바람의 방향에 따라 몸을 계속 흔들었지. 바람이 거세게 불어 올 땐, 더욱 낮게 몸을 숙였단다.

올리브나무는 한참 동안이나 바람에 맞서 잘 버텼어. 그런데 갑자기 바람이 점점 세차게 몰아치기 시작하는 거야. 올리브나무는 바람이 너무 세차게 불어 오자 더 이상 버틸 수가 없었어.

<당황하며>

"아, 내 몸이 왜 이래? 왜 이러지? 안 돼!"

마침내 힘이 빠질 대로 빠진 올리브나무는 그대로 쓰러지고 말았단다.

<걱정되는 말투로>

"어, 올리브나무야, 왜 그래?"

갈대는 쓰러진 올리브나무에게 소리쳤어.

바람이 부는 대로 고개를 숙이고 있던 갈대는 폭풍을 무사히 견뎌 낼 수 있었단다.

탐/구/심/을/길/러/주/는/이/야/기
42. 강물에 빠진 소년

알맹이

등장 인물 : **소년, 나그네**　구연 예상 시간 : **3분**

산 속에서 외롭게 살던 소년이 강으로 놀러 갔다가 비 때문에 불어난 물에 빠지고 말았습니다. 산 속에서만 살았기 때문에 물이 얼마나 위험한지 몰랐고 또 어린 마음에 물장난이 너무 재미있었기 때문이지요.

마침 지나가던 나그네에게 살려 달라고 애원했지만 나그네는 뒷짐을 진 채 위험한 곳에 들어갔다고 혼만 냅니다.

일에는 모두 순서가 있습니다. 어느 것이 더 중요하고 어느 것이 덜 중요한지 생각하며 행동해야 하지 않을까 합니다. 아이에게도 무얼 먼저 하는 게 좋을지 물어 보세요.

깊은 산 속 마을에 한 소년이 살고 있었단다. 소년은 깊은 산 속에서 사는 게 너무 싫었어.

친구도 없고 심심했거든.

그래서 어느 날, 소년은 강가로 놀러 갔단다.

"강가에서 놀면 신나겠지? 산 속에서는 볼 수 없었던 것들이 많이 있을 거야."

소년은 가슴이 두근거렸어.

그런데 이를 어쩌니? 며칠 전에 내린 비 때문에 강물이 크게 불어나 있었던 거야. 특히 물살이 소용돌이치는 곳은 어른들도 함부로 접근할 수 없을 정도였지.

하지만 철부지 소년은 그런 위험이 있다는 사실을 전혀 모르고 있었단다. 지금까지 산 속에서만 살았기 때문이야.

"야, 신난다. 빨리 들어가 봐야지."

소년은 물 속으로 들어가 물장난을 하느라고 정신이 없었어. 첨벙첨벙 신나게 말이야. 처음으로 강가에서 놀게 된 아이는 산 속에서 놀던 것보다 훨씬 재미있었지.

강가에서 놀던 소년은 조금씩 조금씩 물살이 빠르게 소용돌이치는 곳까지 다가갔어. 그러다가 소년은 그만 발을 헛디뎌서 순식간에 몸의 균형을 잃고 말았단다. 그리고는 세찬 물살에 휩싸였지.

〔다급한 목소리로〕

"살려 주세요. 살려 주세요! 푸아, 푸아, 살려 주세요."

소년은 힘껏 소리쳤어. 입 속으로 물이 들어올 때면 너무 괴로웠단다. 소년은 손발을 버둥거렸어. 있는 힘을 다해 물 밖으로 얼굴을 내밀려고 애썼지. 하지만 소년은 소용돌이에서 빠져 나오는 것이 불가능했단다. 물살이 워낙 셌거든.

힘이 빠진 소년은 물 속으로 점점 가라앉고 있었어. 그러다가 다시 손발을 움직여 겨우 얼굴을 물 밖으로 내밀었단다.

> 체념한 듯

'아, 이제 나는 죽는구나.'

소년은 눈앞이 깜깜했어.

그런데 다행히 강가를 지나가는 사람을 보았어.

소년은 마지막 힘을 다해 살려 달라고 소리쳤단다.

> 아주 급한 듯이

"살려 주세요! 살려 주세요! 제발 저를 도와 주세요."

나그네는 소리가 들리는 곳을 돌아보았어. 나그네는 소년이 강물에 빠져서 허우적거리는 모습을 발견했단다.

그런데 나그네는 뒷짐을 진 채, 소년을 야단치기 시작하는 거야.

> 호령하며

"이 녀석, 그렇게 위험한 곳에 들어가다니! 그러다가 목숨이라도 잃으면 어떻게 할 거냐? 너 같은 녀석은 혼이 좀 나야 해."

소년은 나그네를 향해 다급한 목소리로 소리쳤어.

> 애원하며

"먼저 물에서 구해 주세요, 아저씨. 야단치는 건 저를 구해 준 다음에 해도 늦지 않잖아요!"

소년은 너무 겁이 났기 때문에 간절히 애원했지.

소년은 어떻게 되었을 것 같니? 소년의 말을 들은 나그네의 마음먹기에 달려 있는 게 아닐까 싶구나.

탐/구/심/을/길/러/주/는/이/야/기
43. 개미와 베짱이

알맹이

등장 인물 : **개미, 베짱이**   구연 예상 시간 : **4분 10초**

노는 것보다 일하는 것을 더 좋아하는 사람이 있을까요? 아마도 그런 사람은 많지 않을 거예요. 지혜로운 사람은 자기가 편하게 할 수 있는 것보다 힘들어도 꼭 해야 하는 일을 우선하지요. 우리가 원하든 원하지 않든 누구에게나 인생의 겨울은 옵니다. 시간 관리가 얼마나 중요한지 이 이야기를 통해 일러 주면 좋겠습니다.

개미와 베짱이가 있었습니다. 개미는 여름 내내 겨울을 준비하기 위하여 열심히 일했습니다. 그러나 베짱이는 그런 개미를 비웃으며 신나게 놀았지요. 겨울이 되자 추위와 배고픔에 굶주린 베짱이는 개미에게 음식을 구걸하지만 거절당하고 맙니다.

무더운 여름이었어.

개미는 땀을 뻘뻘 흘리면서 열심히 먹이를 모았단다.

"영차! 영차!"

"영차! 영차!"

모두가 힘을 합쳐 무거운 먹이들을 집으로 날랐지. 그래야만 추운 겨울, 먹이가 없을 때 굶지 않을 수 있거든.

그런데 옆 마을에 사는 베짱이는 룰루랄라 놀기만 했단다. 그리고는 개미가 일하는 곳에 와서 말하는 거야.

> 약올리는 말투로

"이렇게 먹을 게 많은데 뭣 하러 그렇게 힘들게 일하니? 나처럼 노래를 부르면서 이 맑은 여름날의 오후를 즐겨 보라고."

베짱이는 개미들 앞에서 멋지게 노래를 불렀단다.

> 리듬과 가락을 넣어 노래하듯이

"나는 노는 게 좋아. 일하는 건 싫어. 이렇게 먹을 게 많은데 일은 해서 뭐 해. 일만 하는 개미는 바보야!"

개미는 베짱이가 한심하다는 생각이 들었어. 그래서 베짱이에게 말했단다.

> 한심하다는 말투로

"이제 곧 겨울이 올 거야. 추운 겨울에는 먹을 것이 없잖아. 그 때를 준비하는 거야. 넌 그렇게 놀기만 하면 언제 겨울에 먹을 음식들을 준비하니? 너도 놀지만 말고 얼른 가서 겨울을 준비하렴."

그러나 베짱이는 콧방귀를 뀌었어.

> 답답하다는 듯이

"피, 너희 개미들이나 많이 준비해라. 나는 상관 없어. 난 열심히 놀 거야. 이렇게 좋은 날에 일만 하는 너희들이야말로 한심하기 짝이 없구나. 바보들 같으니라고."
베짱이는 겨울에 대한 걱정은 전혀 하지 않았어.
"이렇게 먹을 게 많은데 뭘. 하루 아침에 이 많은 음식들이 사라질 리가 없지. 개미들은 참 바보야."
겨울을 준비한다고 더운 여름에 땀을 뻘뻘 흘리며 일하는 개미들이 베짱이는 너무 한심해 보였어.
그러나 개미는 베짱이의 말에는 아랑곳하지 않고 열심히 일을 했단다. 개미가 참 기특하지 않니? 그러나 베짱이는 그런 개미를 비웃었어. 그리고는 열심히 일하는 개미 앞에서 노래를 불러 댔지.

> 노래하듯이 리듬을 주어

"개미는 바보야. 일만 하는 개미는 바보야. 노는 게 얼마나 좋은지 모르는 개미는 바보야."
그런데 이를 어쩌니. 드디어 겨울이 되었어. 숲 속은 모두 꽁꽁 얼어붙었단다.
또 밤새 내린 흰 눈이 소복소복 쌓였어. 눈을 씻고 찾아봐도 먹을 것이라고는 없었지.
개미는 여름 내내 부지런히 모아 놓은 먹이를 창고 가득히 쌓아 놓고 있었단다. 그래서 아무런 걱정이 없었어. 가족들과 즐겁게 이야기를 나누며 맛있는 먹이들을 먹을 때면 무척 행복했지.

그러던 아주 추운 겨울날이었어. 문 밖에서 다급하게 문 두드리는 소리가 들리는 거야.

"똑똑똑, 똑똑똑."

아주 힘없는 소리였단다.

개미가 문을 열어 보니, 베짱이지 뭐니?

힘없는 말투로

"개미야, 먹을 것을 좀 나누어 주지 않을래? 너무 배가 고파. 배가 고파서 죽을 것 같아."

그러자 개미가 대답했어.

퉁명스럽게

"그러게 여름에 먹을 것을 미리 좀 준비해 놓지 그랬니?"

개미는 아주 쌀쌀맞게 말했지.

"나는 노래를 불러야 했기 때문에 그럴 시간이 없었다고."

베짱이는 변명을 했단다. 베짱이의 말에 개미는 문을 쾅 닫으며 말했단다.

"아, 그랬니? 여름에 실컷 노래를 불렀으니까 그러면 겨울에는 춤을 추어야겠구나."

탐/구/심/을/길/러/주/는/이/야/기
44. 제우스와 거북이

알맹이

등장 인물 : **제우스, 다른 신들, 동물들, 거북이** 구연 예상 시간 : **4분 30초**

신들의 왕인 제우스와 헤라가 결혼식을 하게 되었습니다. 신분이 신분인 만큼 모든 신들과 땅 위에 사는 동물들까지 모두 초대했습니다. 그들은 모두 와서 제우스의 결혼식을 축하해 주었지요. 그런데 거북이만 참석하지 않았습니다. 화가 난 제우스가 나중에 거북이를 불러서 참석하지 않은 이유를 묻습니다. 그런데 그 이유라는 것이 집에 있는 게 가장 편하기 때문이라는 겁니다. 제우스는 거북이에게 평생 집을 달고 다니도록 했습니다.

잠시의 편안함이 우리에게 얼마나 큰 수고를 가져다 주는지 잘 알 수 있는 이야기입니다. 아이들이 원인과 결과를 생각해 볼 수 있도록 이야기를 들려주세요.

제우스는 수많은 그리스 신들 중에서도 우두머리 신이란다. 신들의 대장이라고 할 수 있지.

제우스는 모든 신들의 왕일 뿐만 아니라 3천 명의 정령을 보내서 우주를 다스리는 위대한 신이었지. 이 세상에서 벌어지는 나쁜 일들은 반드시 찾아 내어 벌을 주는 그런 신 말이야. 대단하지 않니?

그런 위대한 신인 제우스가 마침내 결혼을 하게 되었단다.

제우스의 짝이 누군지 아니? 바로 헤라 여신이었어. 헤라는 크로노스와 레아의 딸로 올림포스 최고의 여신이었지.

제우스가 올림포스 산에서 헤라와 결혼을 하는 날이었어. 하늘이 새롭게 열리는 아주 즐거운 날이었단다. 제우스는 우주를 다스리는 모든 신들을 불렀어.

신처럼 근엄하고 신비스러운 목소리로

"세상의 모든 신들을 내 결혼식에 초대합니다."

또 지구에서 살고 있는 모든 동물들도 불렀지. 그리고 아주 성대한 결혼식을 올리기로 했단다.

결혼식날이 되자 모두들 화려하게 차려입고 제우스와 헤라의 결혼을 축하하기 위해 올림포스 산으로 모여들었단다.

모든 신들이 차례대로 나와서 제우스와 헤라의 결혼을 축하해 주었어.

축하의 마음을 잔뜩 담아

"제우스여, 아름답고 지혜로운 신부를 맞은 것을 진심으로 축하드립니다."

기뻐하는 말투로

"고맙네. 날 축복해 주러 온 자네들에게도 축복이 있길 바라네."

제우스는 모든 신들이 자신의 결혼을 축복해 주는 것을 보며 무척 기뻤단다.

다음은 땅에서 살고 있는 동물들이 차례차례 나와 제우스에게 축하 인사를 하게 되었지. 사자가 제일 처음 제우스에게 다가와 말했어.

"결혼을 축하드립니다."

제우스는 마음이 흡족했단다.

"고맙네. 먼길 오느라 수고가 많았네."

코끼리도 긴 코를 늘어뜨리고 나와서 인사를 했어.

"진심으로 축하드립니다. 제우스님!"

> 아이들에게 동물들의 이름을 아는 대로 말하게 해 보세요.

호랑이, 코뿔소, 기린, 낙타, 토끼……. 모두들 나와서 인사를 했지.

그런데 거북이 차례가 되었는데도 거북이 모습이 보이지 않는 거야. 거북이가 어디로 갔을까? 아무리 찾아보아도 거북이의 그림자조차 찾을 수 없었어.

거북이는 그 날 결혼식장에 오지 않았던 거야. 제우스는 몹시 화가 났어.

> 화가 난 말투로

"거북이 녀석, 어디 두고 봐라!"

결혼식이 끝난 며칠 후였어.

> 명령하는 투로

"당장 거북이를 불러들이도록 하라!"

제우스는 거북이를 불러서 물어 보았단다.

"내 결혼식에 모든 동물들이 참석했다. 그런데 너는 왜 내 결혼식에 오지 않았지? 어디 더 좋은 곳에 갔더냐?"

거북이가 제우스 신을 올려다보며 대답했어.

> 느리고 게으른 분위기로

"자기 집보다 좋은 곳이 어디 있겠습니까?"

제우스는 거북이가 못 온 데는 뭔가 특별한 이유가 있을 거라고 생각했었는데 너무나 엉뚱한 대답에 기가 막혔단다. 제우스는 거북이가 자신을 무시했다는 생각이 들었어. 그래서 버럭 화를 냈어.

> 버럭 화를 내며

"뭐라고? 네 집이 그렇게도 소중했느냐! 이 세상의 모든 신들과 동물들이 참석한 내 결혼식에 오기보다는 네 집에서 편히 쉬는 것이 넌 더 좋다는 말이구나! 네 집이 그렇게 좋다고 하니, 어디를 가든 네 집을 영원히 등에 짊어지고 살도록 해라!"

이렇게 해서 거북이는 어디를 가나 집을 등에 짊어지고 다니게 되었단다.

탐/구/심/을/길/러/주/는/이/야/기
45. 장미꽃과 아마란스

> **알맹이**
>
> 등장 인물 : 장미꽃, 아마란스, 사람들   구연 예상 시간 : 3분 40초
>
> 　장미꽃과 아마란스가 나란히 있었습니다. 모든 사람들이 감탄할 만큼 아름다운 장미를 보며 수수한 모습의 아마란스는 기가 죽어 부러워합니다. 그러나 장미는 잠깐 아름답다가 흉하게 시들어 버리는 자신보다 늘 젊고 예쁜 아마란스가 훨씬 낫다고 합니다.
> 　당신은 어느 쪽이길 바라세요? 아이들은 또 어떤 생각을 갖고 있을까요?
> 　아마란스는 12월에서 3월까지 적색, 담홍색, 흰색 등의 꽃이 피며 잎은 꽃이 진 후 무더기로 피는 수선화과의 여러해살이 풀입니다.

　아름다운 정원에서 장미꽃과 아마란스가 나란히 자라고 있었단다.

<장미꽃과 아마란스의 목소리에 구분이 가도록 해 주세요.>

　"안녕, 난 장미란다."

　"안녕, 난 아마란스."

　둘은 도란도란 이야기도 하며 정답게 지냈단다.

　그러던 어느 날이었어. 따뜻한 5월이었지.

<꽃을 피운다는 뜻으로 기지개를 하며>

"아함!"

장미꽃은 아름다운 봉오리를 벌려 마침내 아름다운 꽃을 활짝 피웠단다.

> 감탄하는 말투로

"정말 아름다운 꽃이야!"

"역시 꽃 중의 꽃은 바로 장미꽃이지."

"암, 그렇고말고. 세상에서 장미보다 더 아름다운 꽃은 없을걸."

장미꽃을 본 사람들은 저마다 칭찬을 아끼지 않았단다. 상큼한 장미 향기는 정원을 가득 채우면서 나비와 벌을 불러들였지.

아마란스는 부러움과 감탄이 가득 담긴 눈길로 장미를 쳐다보았어.

> 부러워하는 투로

"휴우, 너는 좋겠다."

아마란스는 깊은 한숨을 쉬면서 슬그머니 장미에게 말을 걸었단다.

"장미야, 넌 정말 아름다워. 너는 모든 사람을 기쁘게 해 주고 있어."

아마란스는 정말 장미꽃이 부러웠단다.

"너의 아름다움과 향기를 보는 사람마다 감탄하고 있잖아. 너에 비하면 나는 정말 보잘것없어. 게다가 향기로운 냄새도 풍기지 못하잖아. 난 네가 정말 부럽단다."

아마란스는 눈물을 글썽거렸어.

그러자 장미꽃이 고개를 흔들면서 대답했단다.

> 고개를 흔들며 부드럽게

"아니, 아니야! 난 네가 오히려 부러운걸."

풀이 죽어서 고개를 숙이고 있던 아마란스는 장미꽃의 말을 듣고 깜짝 놀랐어.

"무슨 소리야? 꽃들의 여왕이라고 할 수 있는 네가 나 같은 초라한 꽃을 부러워하다니?"

아마란스는 이해할 수 없었어.

"말도 안 돼. 괜히 위로하려고 그러는 거지?"

아마란스는 그럴수록 자신이 더 초라하게 느껴졌단다.

그러나 장미꽃은 아주 진지하게 말했어.

"아마란스야, 나는 단 며칠밖에 살 수 없어. 금방 보기 싫게 시들어 버리지. 그렇지만 너는 항상 젊고 아름답잖아."

아마란스는 장미꽃의 이야기를 가만히 듣고만 있었어. 이해할 수 없는 이야기였거든.

그리고 며칠이 지났어.

> 당황해하며

"아, 장미꽃! 네 모습이 왜 그러니?"

아마란스는 장미꽃의 모습을 보고 정말 깜짝 놀랐단다. 그 아름답던 모습은 오간 데 없고 흉하게 시들어 버렸기 때문이야.

> 한숨을 푹 쉬며

"그것 봐, 내가 말했잖아. 너는 그대로 아름다운데……."

아마란스는 고개를 끄덕이며 살짝 눈물을 지었단다. 장미의 모습에 대한 슬픔과 자신의 변함 없는 아름다움에 대한 기쁨이 자꾸자꾸 떠올랐기 때문이야.

탐/구/심/을/길/러/주/는/이/야/기

46. 주인과 암탉

알맹이

등장 인물 : **주인, 암탉**　구연 예상 시간 : **2분 30초**

맛있고 커다란 알을 낳는 암탉이 있었습니다. 주인은 그 알로 반찬을 해 먹기도 하고 시장에 비싼 값에 내다 팔기도 했는데 하루에 한 알씩 밖에 낳지 않는 것이 불만스러웠습니다. 그래서 먹이를 많이 주었습니다. 그러면 알

> 을 많이 낳을 줄로 알았던 거죠. 그러나 암탉은 비만에 걸려서 한 알씩 낳던 알마저 낳지 못했습니다.
> 어떤 경우에도 욕심은 금물이죠. 넘치는 건 부족한 것보다 못하다잖아요.

어느 농가의 주인이 암탉을 한 마리 기르고 있었어.

"꼬꼬댁, 꼬꼬."

"꼬꼬댁, 꼬꼬."

농가엔 늘 암탉 소리가 떠나지 않았지.

주인은 암탉을 아주 소중하게 여겼단다. 통통하고 건강한 암탉은 주인을 위해 날마다 신선한 달걀을 하나씩 낳아 주었거든.

암탉이 달걀을 낳으면 주인은 그 달걀로 맛있는 반찬을 만들어 먹을 수 있으니 얼마나 고마웠겠니? 그리고 때로는 달걀을 모았다가 시장에 내다 팔아서 다른 물건을 살 수도 있었어.

서로 목소리를 달리 하여

"그 알은 제가 살게요."

"아니에요. 제가 사겠어요."

"저에게 판다면 값을 두 배로 쳐주지요."

암탉이 낳는 달걀은 알이 크고 맛이 좋았기 때문에 인기도 좋고 특별히 비싼 값에 팔렸지.

그러던 어느 날 주인은 문득 욕심이 생겼단다.

<곰곰이 생각에 잠긴 듯이>

"암탉이 달걀을 하루에 한 번밖에 낳지 않으니까, 달걀 반찬을 하루 한 번밖에 먹을 수 없어. 그리고 며칠 동안 모아야 겨우 시장에 내다 팔 수 있고 말이야. 암탉이 알을 좀더 많이 낳게 할 수 있는 방법은 없을까?"

주인은 잠시 생각에 잠겼어. 그러다가 드디어 한 가지 방법을 떠올리게 되었단다.

<이제야 생각났다는 듯 손뼉을 짝, 치세요.>

"그래, 먹이를 두 배로 주는 거야. 그러면 달걀도 두 배로 낳을 테지."

주인은 그 날부터 암탉의 먹이를 두 배로 주었어. 암탉은 주인이 주는 대로 모두 받아먹어 몸이 금방 불어나기 시작했단다.

"이제 몸이 불어났으니까 알도 많이 낳겠지?"

주인은 흐뭇한 마음으로 암탉이 여러 개의 알을 낳기만을 기다렸단다.

그런데 이게 웬일이니?

지나치게 몸이 불어난 암탉은 비만증에 걸려서 하루에 하나씩 낳던 알조차 낳지 못하게 되었다는구나.

탐/구/심/을/길/러/주/는/이/야/기
47. 겁쟁이 노인과 아들

알맹이

> 등장 인물 : 겁 많은 노인과 그의 아들　　구연 예상 시간 : 3분 50초
>
> 겁이 많은 노인과 모험심이 많고 사냥을 좋아하는 아들이 있었습니다. 노인은 어느 날, 아들이 사자에게 잡아먹히는 꿈을 꾸었습니다. 노인은 겁이 나서 높은 곳에 집을 짓고 아들에게 그 안에서만 살게 했습니다. 대신 벽에다 각종 동물들의 그림을 그려 놓았죠. 그러나 갑갑해서 견디기가 힘들었던 아들은 사자 그림을 내리쳤다가 결국 파상풍으로 죽게 됩니다. 주위를 둘러보면 겁이 많은 사람이 있지요. 이 이야기가 겁 많은 아이들에게 도움이 되었으면 좋겠습니다.

　겁이 아주 많은 노인이 살고 있었어. 그 노인에게는 아빠와는 반대로 모험심이 강하고 사냥을 좋아하는 아들이 하나 있었단다. 아들은 아침에 눈만 뜨면 말을 타고 사냥을 나가기에 바빴어. 들로, 산으로 잘도 쏘다녔단다.

　그 노인은 겁이 많았기 때문에 아들이 사냥을 하다가 다치거나 죽게 되지는 않을까 항상 걱정이었지. 그래서 아들이 집을 나갈 때면 늘 당부를 했단다.

힘없는 노인의 목소리로

"애야, 조심해야 한다."

"일찍 들어오너라."

"멀리 가면 안 돼."

그러던 어느 날 노인은 잠을 자다가 꿈을 꾸게 되었어.

꿈 속에서 아들은 말을 타고 사냥을 나갔지.

"이얏!"

아들은 사자를 향해 화살을 쏘았단다. 그런데 그 화살은 간 곳 없고 사자가 아들에게 확, 달려드는 거였어.

"으르렁, 왕!"

사자는 아들을 한 입에 물고 사라졌지.

<화들짝 놀라는 말투로>

깜짝 놀란 노인은 그만 잠에서 깨어났단다. 꿈에서처럼 아들이 사자에게 죽지나 않을까 더럭 겁이 난 노인은 아들을 불러서 말했어.

<몹시 걱정스러운 말투로>

"애야, 지난 밤에 네가 사자에게 잡아먹히는 꿈을 꾸었단다. 이제부터 사냥은 그만 하고 집에서만 지내거라."

노인은 소중한 아들을 위해 바깥을 한눈에 볼 수 있는 높은 곳에 집을 지어서 아들을 그 곳에 가두었단다. 그리고 사냥을 좋아하는 아들을 위해 벽에 여러 가지 동물 그림도 그려 놓았지. 호랑이, 여우, 다람쥐, 사슴······. 그 중에는 사자 그림도 있었어.

그러나 아들은 행복하지 않았단다. 집 안에만 갇혀 있었으니 그럴 수밖에 없었던 거지.

> 화를 내며

"너무 심심해! 언제까지 이렇게 갇혀 있어야 하는 거야? 사냥도 하지 못하고······. 이게 뭐야!"

며칠 동안 방에 갇혀 있던 아들은 더 이상 참지 못하고 마구 화를 내기 시작했단다. 너무 힘들었거든. 그러다가 아들은 문득 벽에 그려진 사자 그림을 보게 되었어.

> 그림을 노려보며 씩씩거리는 것처럼

"이 망할 놈의 사자 같으니라고! 너 때문에 내가 이런 감옥에 갇혀 있게 되었단 말이야. 이 사자를 어떻게 해야 내 화가 풀릴까?"

아들은 사자 그림을 노려보았단다. 그래도 화가 풀리지 않았어. 그래서 주먹으로 사자의 눈이 그려진 벽을 힘껏 내리쳤단다.

그 바람에 손톱 밑에 부서진 벽돌 조각이 박히게 되었지 뭐야. 피도 흘러내리고.

"아유, 아파. 어쩌면 좋지?"

그 조각은 아무리 빼내려고 해도 빠지지 않았어.

나중에는 손이 심하게 곪고 몸에서 열도 나기 시작했어.

몹시 아파하면서

"아유, 손이야. 손이 아파 죽겠네, 끙끙."

아들은 날마다 밥도 못 먹고 앓기만 했어. 그러다가 그만 죽고 말았지.

아무리 그림이라고 하더라도, 결국 아들은 노인이 꿈에서 본 대로 사자 때문에 죽게 된 거야.

탐/구/심/을/길/러/주/는/이/야/기

48. 여우와 염소

알맹이

등장 인물 : **여우, 염소**   구연 예상 시간 : **3분 10초**

물을 마시던 여우가 우물에 빠졌습니다. 마침 물을 마시러 온 염소를 이용해 여우는 우물에서 빠져 나옵니다. 대신 염소가 우물 속에 남게 된 거죠. 일이 급하면 뒷일을 생각해 보지도 않고 급한 일부터 처리하게 되는 것이 인지상정이지요. 그러나 서둘렀던 그 일은 또다른 문제를 가져오기도 하죠. 이 이야기의 염소처럼 말입니다. 아무리 급해도 뒷일을 차근차근 생각하며 신중하게 행동해야겠습니다.

여우 한 마리가 물을 마시기 위해 우물로 갔어.

"아, 목말라. 물을 실컷 마시고 가야지."

여우는 고개를 내밀어 물을 마시려고 했단다.

그러다가 그만 미끄러져서 우물에 풍덩, 빠지고 말았어.

"아! 이를 어쩐담. 이 깊은 우물을 어떻게 빠져 나가지?"

여우는 아무리 생각해도 우물 밖으로 빠져 나갈 방법이 떠오르지 않았단다. 꽤 깊은 우물이었거든.

> 물 속에서 허우적거리듯

"어푸, 어푸!"

여우는 자꾸 입 속으로 들어오는 물을 계속 뱉어 내야 했어.

그런데 그 때, 염소 한 마리가 물을 마시기 위해 우물가로 왔단다. 염소는 우물 속을 들여다보았어. 여우는 얼른 물을 마시는 척했지.

아무것도 모르는 염소가 여우에게 물었어.

"물맛이 어때?"

> 만족스러운 듯한 표정으로

"아주 시원하고 좋아. 정말 기막힌 맛이야. 어서 내려와서 마셔 보게."

여우는 얼굴 가득 만족스러운 표정을 지으면서 말했어. 그러자 염소는 목마른 것만 생각하고 우물 밑으로 내려갔지 뭐야.

우물 속에서 실컷 물을 마신 염소는 그제야 밖으로 나갈 일이 걱정되었어.

염소는 여우에게 다시 물었단다.

"그런데 어떻게 해야 여기에서 나갈 수 있지?"

여우가 웃으면서 대답했어.

"나에게 아주 좋은 생각이 있어. 물론 우리 둘이 서로 힘을 합쳐야만 할 수 있는 방법이지만 말이야."

반가워하며

"그래? 그게 어떤 방법인지 어서 말해 보게."

교묘한 말투와 표정으로

"먼저 자네가 앞발을 벽에다 대고 뿔을 가능한한 높이 치켜드는 거야. 그러면 나는 자네 다리와 뿔을 딛고 올라가는 거지. 일단 내가 우물 밖으로 나가면 자네를 끌어올리는 건 아주 쉬운 일이거든."

염소는 그 방법이 마음에 들었어. 아주 그럴 듯했거든. 그래서 여우가 시키는 대로 했단다.

"자, 이렇게 하란 말이지?"

염소는 앞발을 벽에다 대고 뿔을 치켜들었어.

"그렇지, 그렇지. 바로 그거야."

여우는 조심조심 염소의 다리와 어깨와 뿔을 딛고 우물 벽을 기어오르기 시작했단다.

　그런데 우물에서 빠져 나온 여우는 약속과는 달리 뒤도 돌아보지 않고 떠나려고 했어. 깜짝 놀란 염소가 여우에게 소리를 질렀단다.

　"이봐, 나는 어떻게 나가라는 거야?"

　그러자 여우는 우물로 다가가서 염소를 내려다보며 대답했어.

> 빈정거리듯

　"저런! 자네가 만약 자네 턱에 난 수염만큼이라도 생각이 있는 친구라면, 어떻게 빠져 나올지 생각해 보지도 않고 그 아래까지 내려가는 멍청한 짓은 하지 않았을 거야. 안 그래?"

　여우는 염소를 남겨 두고 우물가를 떠나 버렸단다.

탐/구/심/을/길/러/주/는/이/야/기

49. 양치기와 새끼늑대

> 알맹이

등장 인물 : 양치기, 새끼늑대　　구연 예상 시간 : 2분 10초

양치기가 어미를 잃은 새끼늑대를 발견해 데려다가 열심히 키웠습니다. 잘 키워서 자기 편으로 써먹으려고 했던 거죠. 그런데 양치기의 예상과는 달

> 리 힘이 세진 늑대는 양치기의 양들을 잡아먹었습니다.
> 　양치기는 이제 어떻게 하면 좋을까요? 양치기는 어린 늑대가 불쌍한 마음 때문에 데려다 길렀던 게 아니라, 자신의 욕심을 채우기 위해 길렀습니다. 그 마음 자체가 잘못되지 않았을까요?

양치기가 양 떼를 몰고 푸른 들판으로 나갔어. 양들이 풀을 뜯어 먹기에 아주 좋은 화창한 날이었지.

그런데 갑자기 이상한 소리가 들리는 거야.

_{귀를 기울이며 작은 목소리로, 아이들이 궁금하게 만드세요.}

"낑낑, 낑낑……."

'이게 무슨 소리지?'

양치기는 귀를 기울였어.

"낑낑, 낑낑……."

어디선가 가냘픈 소리가 계속 들리는 거야.

'무슨 소리지? 분명히 이 근처에서 나는 소린데.'

양치기는 주위를 두리번거렸어. 길게 자란 풀들을 헤쳐 보기도 했지.

_{눈앞에 새끼늑대를 보는 듯}

그런데…… 어머나 세상에!

갓 태어난 새끼늑대 한 마리가 풀숲에서 고물거리고 있는 거야.

"가엾기도 하지. 어쩌다가 이렇게 혼자 있는 거니?"
양치기는 새끼늑대를 안아 올렸어.
어린 늑대는 부들부들 떨었지.
양치기는 아무리 사나운 늑대라고 해도 어렸을 때부터 길을 잘 들인다면 많은 도움이 될 수 있을 것 같았단다.

곰곰이 생각하는 표정으로

"이 늑대를 내가 키워야지. 나중에 자라면 다른 늑대들로부터 내가 기르는 양들을 보호해 줄 거야. 그리고 다른 사람들이 기르고 있는 양들을 잡아서 나에게 가지고 온다면 이 늑대가 양치기 개보다 훨씬 쓸모 있지 않겠어? 암, 내가 데려다 길러야겠군."

양치기는 새끼늑대를 집으로 데리고 왔단다. 그리고 온갖 정성을 다해 길렀어.

새끼늑대는 양치기의 보살핌을 받으면서 무럭무럭 자랐단다. 어른이 된 늑대는 힘이 무척 세졌어. 날카로운 이빨도 갖게 되었지.

그런데 이를 어쩌니?

늑대는 자신을 길러 준 양치기의 양들을 잡아먹기 시작했던 거야.

이것을 본 양치기는 가슴을 치면서 한탄했단다.

"이게 다 내 잘못이구나. 왜 새끼늑대를 길러서 내 양들을 잡아먹히게 했을까?"

탐/구/심/을/길/러/주/는/이/야/기
50. 거위와 학

알맹이

> 등장 인물 : **거위, 학, 사냥꾼**   구연 예상 시간 : **2분 40초**
>
> 사람마다 서로 추구하는 것이 다르지요. 어떤 사람은 학문을, 또 어떤 사람은 돈을, 명예를, 외적인 아름다움을……. 그것이 무엇이든 간에 결국은 자신이 추구하는 쪽으로 인생의 방향이 잡히는 것 같습니다. 처음은 다들 비슷비슷하지만 결국은 자신이 무엇을 바라보며 살았느냐에 따라서 삶의 모습이 달라지지요.
>
> 야생 거위와 학이 있었습니다. 거위는 먹는 일에, 학은 나는 일에 관심을 갖고 살았습니다. 먹이를 놓고 다툼이 벌어졌을 땐 거위가 이겼지만 사냥꾼이 나타나 도망을 가야 했을 땐 학이 이겼지요.

야생 거위와 학이 늪지에서 사이좋게 살고 있었단다.

원래 야생 거위는 집에서 기르는 거위와는 달리 몸집도 별로 크지 않고 하늘도 잘 날 수 있었어.

그런데 욕심 많고 먹을 것만 좋아하는 거위는 하늘을 날 생각은 하지 않고 하루 종일 먹이를 잡는 일에만 열중했지 뭐니.

> 입에 먹을 것을 가득 넣은 것처럼 하여

"난 먹는 게 제일 좋아. 냠냠, 아유, 맛있다."

> 두 팔을 벌려 날개를 만들고 훨훨 나는 흉내를 냅니다.

그러나 학은 먹이를 먹는 것보다는 하얀 날개를 활짝 편 채 넓은 하늘을 마음껏 날아다니는 것을 좋아했단다.

"아! 이 푸른 하늘, 맑은 공기, 세상이 온통 내 발 아래 있구나."

거위는 날이 갈수록 몸이 뚱뚱해지고 무거워졌지. 그리고 하늘을 나는 것조차 힘들게 되었단다.

하지만 학은 여전히 날씬한 모습으로 우아하게 하늘을 날아다닐 수 있었어.

그러던 어느 날, 야생 거위와 학은 늪지에서 물고기 한 마리를 동시에 발견했단다.

> 심술맞게

"이 물고기는 내 꺼야. 내가 먹을 거라고."

먹보였던 야생 거위가 얼굴을 붉히며 말했어.

"무슨 소리야. 이 물고기는 내가 먼저 발견한 거야."

학도 지지 않고 말했지.

그러다가 서로 목청을 높이면서 싸우게 되었단다.

욕심 많은 거위는 조금도 양보하려고 하지 않았어. 죽기살기로 덤벼들었지.

"그래. 그럼 네가 먹으렴."

마침내 학은 먹이를 포기하고 그냥 물러서려고 했단다. 그까짓 먹는 걸로 싸우기가 싫었기 때문이지.

<다급한 목소리로 긴장감 있게>

바로 그 때 늪지를 지나가던 사냥꾼이 거위와 학이 싸우는 소리를 듣고 다가왔어.

갑자기 나타난 사냥꾼을 보고 거위와 학은 서둘러 달아나기 시작했단다. 몸이 가벼운 학은 재빨리 하늘로 날아올라 도망쳤어. 그러나 몸이 뚱뚱한 거위는 물고기를 입에 물고 있었기 때문에 날갯짓조차 힘들었단다.

결국 거위는 날지 못하고 뒤뚱거리다가 사냥꾼에게 잡히는 신세가 되고 말았지.

탐/구/심/을/길/러/주/는/이/야/기

51. 호기심이 죄

> **알맹이**
>
> 등장 인물 : **토끼, 여우**　구연 예상 시간 : **3분**
>
> 꾀 많은 여우 때문에 늘 마음을 졸이며 살던 토끼가 차라리 여우를 잘 사귀어서 사이좋게 사는 편이 낫겠다 생각하고 꾀를 부려 보지만 오히려 여우의 꾀에 넘어가고 맙니다.
>
> 토끼가 여우 집에서 다시 나올 수 있는 방법은 없을까요? 아이들에게 좋은 방법을 생각해 보게 하고 서로 이야기를 나누어 보세요.

성격이 온순한 토끼가 있었단다.

그 토끼는 항상 마음이 불안했어. 왜냐하면 근처에는 꾀 많은 여우가 살고 있었는데 그 여우가 언제 무슨 짓을 할지 몰랐기 때문이야.

몹시 걱정스러운 얼굴로

'오늘은 무사히 넘겼지만 내일은 또 어떻게 하지?'

토끼는 이렇게 날마다 마음을 졸이며 사는 것이 너무너무 싫었어.

그래서 차라리 평소에 여우와 잘 사귀어 두는 편이 좋겠다고 생각했단다.

'그래, 여우와 친구가 되자. 여우를 만나는 것은 싫지만 내가 살기 위해서는 어쩔 수 없는 일이지.'

토끼는 그 날부터 여우와 친구가 될 수 있는 기회를 잡으려고 노력했어.

그러던 어느 날 여우가 토끼의 집 앞을 지나가는 거야.

여우를 보고 토끼는 반가운 척하며 깡충깡충 달려나갔단다. 그리고 부드러운 목소리로 여우에게 칭찬을 늘어놓기 시작했어.

<부드럽고 상냥한 말투로>

"여우님, 남들은 당신이 교활하다고 말하지만, 실제로는 시간을 낭비하지 않고 아주 잘 사용하는 매우 영리한 동물이죠?"

토끼는 가슴이 두근거렸지만 태연한 척 웃으며 말했지.

<시치미를 떼며 태연하게 미소를 짓고 말하세요.>

"그 사실을 확인하고 싶다면 나와 함께 우리 집에 가는 것이 어때? 그러면 내가 식사를 대접하고 평소에 저녁 시간을 어떻게 보내는지 보여 주겠네."

여우가 미소를 지으면서 대답했어.

토끼는 여우굴로 혼자 들어가기 싫었지만, 여우가 사는 곳은 어떤지, 또 어떻게 살고 있는지 호기심이 생겼단다. 그리고 여우의 초대를 받았다는 것에 대해 우쭐한 기분도 들었지 뭐야. 토끼는 드디어 여우와 친구가 될 수 있는 기회가 찾아왔다고 생각했어.

<명랑하게>

"좋아요."

토끼는 고개를 끄덕이면서 여우가 살고 있는 굴로 들어갔어. 그런데 글쎄, 여우의 집에는 저녁 식사가 준비되어 있지 않았어.

토끼는 갑자기 불안한 생각이 들었단다.

겁에 질려 말을 더듬거립니다.

"저, 저녁은 어, 어디 있나요?"

여우는 토끼를 바라보면서 묘하게 웃었어.

무서운 말투로

"내 저녁 식사는 바로 너란다."

비로소 자신의 운명을 깨닫게 된 토끼는 자신의 어리석은 행동을 후회했지.

깊은 한숨을 쉬며

"여우의 명성은 바로 이런 교활하고 간사한 데서 나온 것이군요."

토끼는 죽어 가며 말했어.

탐/구/심/을/길/러/주/는/이/야/기

52. 순진한 양의 실수

> **알맹이**
>
> 등장 인물 : **늑대, 아기양, 개**   구연 예상 시간 : **4분 40초**
>
> 굶주린 늑대들이 순진한 아기양을 꾀어 양들을 지키던 개들을 따돌리고 양들을 잡아먹었습니다.
> 양들이나 우리 아이들이나 순진하기는 마찬가지죠. 안타까운 일이지만 늘 조심해야 됨을 살짝 일러 주면 좋겠습니다.

_{마치 늑대가 기어가듯 손톱을 세우고 허리를 구부려서}

어슬렁어슬렁~ 늑대들이 푸른 풀밭을 돌아다니고 있었어. 배에서는 쪼르륵쪼르륵~ 소리가 요란했지. 다들 배가 고팠 거든.

며칠 동안 사냥을 못해서 쫄쫄 굶고 있었지 뭐니. 그 때 마침, 한가롭게 풀을 뜯고 있는 양 떼들이 눈에 띄었단다.

"요놈들, 잘 만났다!"

"야호!"

늑대들은 신이 나서 양 떼들에게 달려갔어. 오랜만에 배불리 먹을 좋은 기회였지.

_{화가 난 개처럼 으르렁거린 뒤, 깜짝 놀라 한 걸음 뒤로 물러나듯 몸을 젖히며}

"이크!"

양 떼에게 다가간 늑대들은 깜짝 놀라고 말았어.

양치기 개들이 양을 보호하고 있었던 거야. 양치기 개들은 으르렁거리고, 컹컹 짖어 대면서 용감하게 늑대에게 달려들었지.

그것뿐이 아니야. 개들이 짖는 소리를 듣고 목동들도 몰려오고 있었어. 늑대들은 하는 수 없이 다시 숲으로 도망칠 수밖에 없었단다.

그 후에도 양치기 개들이 한눈을 팔고 있을 때면, 어김없이 늑대들이 양 떼를 잡아먹으려 했어. 하지만 우르르 몰려오는 늑대 떼를 개들이 못 볼 리 없지.

"컹! 컹!"

매번 양치기 개들이 덤벼드는 바람에 한 마리의 양도 잡아먹을 수 없었단다.

"이대로는 도저히 안 되겠어."

늑대들은 회의를 열었어. 어떻게 하면 양을 잡아먹을 수 있을까? 머리를 맞대고 고민하고 또 고민했지. 그러다가 꾀 많은 늑대 한 마리를 뽑아 양 떼에게 보내기로 했지.

다음 날, 양치기 개들이 잠깐 한눈을 팔고 있을 때, 꾀 많은 늑대가 양 떼에게 갔단다.

살금살금 다가오는 척하며

한 마리만 살금살금 가니까 양치기 개들도 보지 못했어.

양들은 양치기 개들이 다 지켜 주기 때문에 늑대들과 싸워 본 적이 없었어. 그래서 늑대들이 얼마나 무서운 줄 모른단다. 늑대가 양 떼 사이에 스윽~ 들어왔는데도 그냥 풀만 먹고 있었지.

> 어깨를 쭉 늘어뜨리고 섭섭한 표정을 지으며

"휴우······."

늑대는 굉장히 슬픈 표정이었어. 양들은 궁금해서 늑대 곁으로 모여들었단다.

"무슨 일이니?"

아기양이 물었어.

"나도 너희들같이 귀엽고 예쁜 친구들을 사귀면 정말 좋을 것 같아."

예쁘고 귀엽다는 말에 양들은 우쭐해졌어.

"그래? 그럼 우리랑 같이 놀면 되잖아."

"휴유, 그게 그렇게 쉬운 문제가 아니란다."

> 손가락으로 어딘가를 가리키며

"저기 있는 개들이 너희들이랑 놀지 못하게 하거든. 아예 가까이 오지도 못하게 한다고. 우리 늑대들은 너희를 얼마나 좋아하는지 몰라. 함께 사이좋게 지내며 푸른 들판을 뛰놀고 싶다고. 그런데 저 못된 개들이 우리와 너희들이 친해지는 게 싫어서 우리가 근처에만 와도 으르렁거리며 쫓아낸단다."

늑대는 이렇게 말하면서 또 한숨을 쉬었어. 양들은 늑대의 말을 듣고 깜짝 놀랐단다.

"그게 정말이야? 우리가 지금까지 오해하고 있었나 봐. 개들은 너희 늑대가 우리를 잡아먹으려는 못된 애들이랬어. 우린 그 말만 철썩같이 믿고 있었지 뭐야."

늑대는 이 때다 싶어 얼른 맞장구를 쳤어.

<박수를 딱 치며>

"옳거니, 이제 보니 우리가 사이좋게 지내지 못한 건 모두 양치기 개들 때문이구나. 그 못된 개들만 아니었어도 우린 벌써 오래 전에 친구가 되었을 텐데."

양들도 모두 입을 모아 말했어.

"지금까지 너희 늑대들을 무서워하면서 피한 우리가 너무 어리석었어."

"지금도 늦지 않았어. 저 개들을 내쫓고 우리 서로 친구가 되자."

양들은 늑대의 말에 모두 고개를 끄덕였어. 그리고 양치기 개의 말은 듣지 않기로 약속했단다.

<이리 오라고 손짓을 하며, 손을 입에 갖다 대고 멀리 소리를 치듯>

"얘, 그 쪽은 위험해! 늑대가 나온다고!"

혼자서 멀리 풀을 뜯으러 나가는 아기양을 보고 양치기 개가 소리쳤어.

"흥! 누가 자기 말을 믿을 줄 알고?"

아기양은 들은 척도 안 했단다.

"너희들 어디 가는 거야? 따로 행동하지 말고 함께 모여 있으랬잖아! 이 쪽으로 돌아와."

그러나 양들은 모두 양치기 개의 말을 무시하고 제멋대로 흩어졌어. 양치기 개들은 갑자기 멋대로 행동하는 양들에게 어리둥절했지.

늑대들은 기다렸다는 듯 흩어져 있는 양들을 한 마리, 두 마리 잡아먹을 수 있었단다. 양들이 꾀 많은 늑대에게 제대로 속은 거지.

탐/구/심/을/길/러/주/는/이/야/기

53. 당나귀의 헛수고

알맹이

등장 인물 : 사자, 염소, 당나귀   **구연 예상 시간 : 2분 40초**

좁은 굴 속에 들어간 염소를 잡아먹을 궁리를 하던 사자가 당나귀를 꾀어 염소를 밖으로 나오게 하여 잡아먹습니다. 당나귀는 염소를 밖으로 유인

> 한 것은 자신이라고 주장하지만 사자는 당나귀는 당나귀일 뿐이라며 무시합니다.
> 　아이들은 이런 사자의 행동을, 또 당나귀의 행동을 어떻게 생각할까요? 아이들의 이야기에 귀를 기울여 주세요.

　사자가 살고 있는 숲 근처에 염소들이 모여 사는 동굴이 있었어.

　염소가 눈앞에서 왔다 갔다 하는데 사자가 얼마나 군침이 돌았겠니?

　그런데 사자가 달려가 염소 한 마리를 잡을라치면 염소들은 쪼르르~ 동굴 속으로 숨어 버렸지 뭐니.

　아무리 크고 힘이 센 사자라고 해도 작은 동굴로 쏙 들어가 버린 염소를 잡을 수는 없었단다. 사자는 동굴 밖에서 군침만 삼켜야 했지.

손으로 턱을 괴고 고민하며

　"어떻게 하면 저 염소들을 잡아먹을 수 있을까?"

　사자는 오래 고민했어.

주먹을 쥔 오른손으로 왼 손바닥을 치며

　"그래, 바로 그거야!"

　사자는 당나귀를 찾아갔어. 그리고 자기의 계획을 설명했지.

　"당나귀야, 네가 동굴 안으로 들어가 줘. 그래서 염소를 몰아 내 주면 내가 입구에 있다가 그놈들을 다 잡을게. 어때, 내 계획이?"

당나귀는 사자의 말이 그럴 듯했어.

> 고개를 크게 끄덕이며

"그거 좋은 생각이야."

당나귀는 사자와 함께 염소들이 사는 동굴로 갔지.

염소들은 당나귀가 동굴로 들어와도 별로 무서워하지 않았어. 그 틈을 이용해 당나귀는 염소들에게 발길질을 하며 난동을 피웠단다.

"얍! 이 염소놈들! 어디 맛 좀 봐라. 히잉, 히이잉~."

> 구석으로 피하듯 몸을 웅크리며

"꺄악~, 당나귀가 갑자기 왜 그러지?"

염소들은 후다닥 동굴을 빠져 나갔어. 동굴 밖에서 기다리고 있던 사자는 냉큼 살찐 염소 한 마리를 잡았지.

"푸하하하하, 드디어 잡았다!"

사자는 사냥한 염소를 잡고 매우 기뻐했단다. 잠시 후, 당나귀가 동굴에서 나왔어.

> 이마의 땀을 닦는 흉내를 내며, 자랑스러운 듯이 말하세요.

"용감하게 동굴 속으로 들어가서 염소들을 몰아 낸 건 나야. 그러니까 그 염소는 내가 잡은 거나 마찬가지지."

> 대수롭지 않다는 듯

"쳇, 그래서?"

갑자기 변한 사자의 태도에 당나귀가 놀랐어.

"그래서라니?"

당황하는 당나귀에게 사자가 말했지.

"네가 용감하게 염소를 잡았다고? 아무리 그래봤자, 넌 당나귀밖에 안 돼!"

탐/구/심/을/길/러/주/는/이/야/기

54. 당나귀가 가르쳐 준 교훈

> **알맹이**
>
> 등장 인물: **사자, 여우, 당나귀** 구연 예상 시간: **2분 30초**
>
> 사자와 여우, 그리고 당나귀가 자신들이 갖고 있는 장점들을 이용해 많은 사냥을 했습니다. 사자는 사냥감을 수북히 쌓아 놓고 당나귀에게 나누게 했습니다. 당나귀는 똑같이 삼등분으로 나누었다가 사자에게 죽고 말았습니다. 이것을 본 꾀 많은 여우는 자신은 고작 한 끼 분량만 갖고 나머지는 모두 사자에게 주었습니다.
>
> 아이들은 사자를 어떻게 생각할까요? 또 어떻게 나누는 것이 공평한 것인지도 물어 보세요.

사자는 누구에게도 지지 않는 강한 힘을 가졌고, 당나귀는 아무리 달려도 지칠 줄 몰랐으며, 또 여우는 꾀가 많았지.

이렇게 셋이 힘을 모으면 숲에 있는 동물들은 모두 벌벌 떨었어. 사슴, 곰, 노루, 염소……. 모두모두 걸려들었지.

어느 날, 사자와 당나귀, 여우가 사냥을 했어. 잠깐 사이에 사냥감이 수북히 쌓였지. 셋은 모두 흐뭇하게 웃었어. 이제 이걸 셋이 나누는 일만 남은 거야.

사자가 당나귀에게 말했어.

"자, 이걸 한번 나눠 봐."

순진한 당나귀는 수북히 쌓인 그 사냥감들을 똑같이 셋으로 나눴어.

낑낑거리다가 땀을 닦는 척합니다.

사냥감을 나누는 작업은 한참이 지나서야 끝났어. 워낙 많았거든.

"휴우, 다 나눴습니다. 사자님이 아무거나 먼저 고르세요."

사냥감들은 별 차이 없이 똑같은 양으로 나뉘어져 있었어.

"크허헝~!"

그런데 갑자기 사자가 당나귀의 목을 물어뜯어 죽여 버리는 게 아니겠니?

당나귀는 영문도 모르고 그렇게 죽고 말았어.

이 광경을 지켜본 여우는 너무나 무서웠단다. 그런데 사자는 화가 가시지 않은 눈빛으로 여우를 쏘아보며 이렇게 말하는 거야.

"이번에는 여우, 네가 한번 나눠 보아라."

여우는 수북히 쌓인 사냥감 앞으로 갔어.

> 한 손으로 턱을 괴고, 뭔가를 고민하는 듯이

그리고 아까 당나귀가 당한 일을 생각했지. 여우는 조심조심 사냥감을 나누기 시작했어. 한쪽에는 한 끼 겨우 먹을 정도의 고깃덩어리만 두고, 나머지 사냥감은 모두 사자 앞으로 밀어 놓았어. 그리고 사자에게 말했지.

> 고개를 숙이고 두려워하는 듯이

"사자님, 먼저 고르세요."

사자는 당연히 먹잇감이 높게 쌓인 것을 선택했지. 그리고 그제야 만족한 듯 크게 웃었어. 그리고 여우를 칭찬했단다.

> 듣는 사람의 어깨를 다독이며

"하하하, 여우는 역시 지혜롭군. 당나귀하곤 달라. 그런데 이렇게 나누는 걸 누구한테 배웠지?"

그러자 여우는 그 칭찬이 조금도 달갑지 않은 표정으로 대답했어.

"저기 죽어 있는 당나귀가요……."

탐/구/심/을/길/러/주/는/이/야/기
55. 은혜를 모르는 늑대

알맹이

등장 인물 : **늑대, 왜가리**   구연 예상 시간 : **4분**

이솝 이야기 중 많은 부분은 사정이 바뀌면 입장을 싹 바꾸어 버리는 몰염치한 주인공들에 대한 풍자입니다. 은혜를 입었으면 갚는 일 역시 중요합니다.

배고픈 늑대가 양을 잡아먹다가 목에 뼈가 걸렸습니다. 늑대는 주둥이가 가늘고 긴 왜가리에게 부탁했고 왜가리는 혹시나 싶어서 꺼리게 됩니다. 늑대는 꼭 보답하겠다며 사정했고 결국 왜가리는 늑대의 부탁을 들어줍니다. 그러나 사정이 달라진 늑대는 왜가리를 향해 달려듭니다.

늑대는 어떻게 되었을까요? 왜가리를 잡아먹고 행복하게 살았을까요? 아이와 이야기를 나누어 보세요.

며칠 동안 쫄쫄 굶은 늑대가 있었어.

"아이고, 배고파."

_{배를 움켜쥐며 괴로운 표정을 짓다가 먼 곳을 바라보는 듯하며}

"으흠, 어디 사냥감이 없나 한번 살펴볼까?"

늑대는 언덕 위에 올라서서 마을을 내려다보았단다.

마침 혼자 떨어져서 놀고 있는 어린 양이 눈에 띄었어. 몹시 굶주린 늑대는 오랜만에 어린 양 한 마리를 손에 넣을 수 있었지.

> 허겁지겁 먹는 흉내를 냅니다.

"냠냠, 냠냠……."

몹시 배가 고팠던 늑대는 허겁지겁 먹기 시작했어. 그러다가 그만 작은 뼈가 목에 걸리고 말았지 뭐니?

"켁켁! 켁켁!"

아무리 뱉어 내려고 해도 소용이 없었어. 늑대는 너무 괴로웠단다. 연못으로 가서 물을 벌컥벌컥 들이켜도 소용이 없었단다.

> 몹시 괴로운 목소리로

"아유, 목이야. 목이 아파 죽겠어."

늑대는 아무것도 먹을 수가 없었어. 음식을 삼키려고 하면 목이 너무 따가웠기 때문이야. 계속 따끔거리고, 열이 나서 잠도 편히 잘 수 없었어.

"이렇게 있어서는 안 되겠어. 누군가에게 도움을 청해야지. 너무 아파!"

늑대는 자기를 구해 줄 만한 누군가를 찾아 나서기로 결심했단다.

늑대는 숲 속으로 가서 만나는 동물들마다 붙잡고 간절하게 사정했어. 하지만 어느 동물도 늑대의 목에 걸린 뼈를 빼

주지는 못했단다.

늑대는 잔뜩 실망해서 집으로 돌아가고 있었어. 그런데 연못가에서 마침 왜가리가 물을 마시고 있지 뭐야? 왜가리는 목과 부리가 가늘고 길었거든. 늑대는 왜가리가 목에 걸린 뼈를 빼내기엔 딱이다 싶었지.

늑대는 왜가리를 붙잡고 사정하기 시작했어.

간절하게 애원하는 척하며

"제발 목에 걸린 뼈를 좀 꺼내 줘. 네 가느다란 부리를 집어 넣는다면 쉽게 빼낼 수 있을 거야."

하지만 왜가리는 쉽게 대답하지 않았어. 늑대 목에 걸린 뼈를 꺼내려면 입 속으로 머리를 집어 넣어야 하는데 늑대를 믿을 수 없었던 거야.

괜히 자기를 잡아먹으려고 하는 거짓말일 수도 있다는 생각이 들었지.

왜가리가 망설이자, 늑대는 더욱더 간절한 목소리로 매달렸단다.

거의 우는 목소리로

"제발 나를 믿어 줘. 절대 너에게 해를 입히지 않을게. 이 뼈만 꺼내 준다면 내가 큰 보답을 해 주지. 정말이야."

보답이라는 말에 귀가 솔깃해진 왜가리는 늑대를 도와 주기로 마음먹었단다. 그리고 조심조심, 늑대의 입 속으로 머리를 넣었어. 작고 뾰족한 뼈가 늑대의 목 안에 깊이 박혀 있었지. 왜가리는 그 뼈를 쏙 빼냈단다.

늑대는 비로소 살 것 같았어. 어찌나 시원한지 말로 표현할 수 없을 정도였지.

> 무엇인가를 바라는 듯이

"다 됐어. 이제 약속한 대로 나에게 보답을 해야겠지?"

왜가리가 늑대를 보며 말했어.

> 갑자기 큰 소리로 으르렁거리며 늑대처럼 발톱을 세워 보이세요.

그런데 이게 웬일이니? 늑대가 갑자기 왜가리를 향해 으르렁거렸어. 태도가 갑자기 달라진 거야. 왜가리는 황당해서 늑대에게 따졌어.

> 따지듯이

"아니, 늑대 너는 나에게 보답한다고 해 놓고 갑자기 왜 이러는 거야?"

그러나 늑대는 여전히 이빨을 드러내고 으르렁거리며 말했단다.

> 가소롭다는 듯

"늑대의 입 속에 머리를 집어 넣고도 아직 살아 있다면 대가는 충분히 지불된 거 아니야? 더 이상 뭘 바라는 거지?"

탐/구/심/을/길/러/주/는/이/야/기
56. 벽과 쇠못

알맹이

등장 인물 : **벽, 쇠못**   구연 예상 시간 : **2분 30초**

어느 날, 벽이 자신의 몸으로 들어오는 쇠못 때문에 괴로워하며 쇠못에게 화를 냅니다. 그러나 쇠못은 쇠못대로 자신도 어쩔 수 없다며 못을 박고 있는 사람 때문이라고 합니다.

맞는 얘기죠. 쇠못인들 어쩌겠어요? 살다 보면 이렇게 자기 의지와는 아무 상관 없이 남에게 피해를 주기도 하지요. 하지만 되도록이면 남에게 피해를 주지 않고 살아가는 방법을 아이들에게 일러 주세요.

> 벽에 못을 박는 행동을 하며, 입으로는 "탕, 탕." 하고 소리를 냅니다.

"탕탕! 탕탕!"

벽은 깜짝 놀라 잠에서 깼어.

'이게 무슨 소리지?'

벽은 주위를 두리번거렸단다.

"탕탕! 탕탕탕!"

소리는 계속해서 났어.

그러더니 몸 한 구석이 콕콕 쑤시는 거야. 무언가 날카로운 것이 몸 속으로 파고드는 것 같았어.

얼굴을 찡그리며

"아야!"

벽은 소리를 질렀어. 너무 아파서 화도 났단다.

화가 났다는 뜻으로 두 손을 허리에 얹고

"누가 나를 이렇게 괴롭히는 거야? 당장 그만두지 않으면 가만 있지 않겠어!"

벽은 제법 으름장을 놓았어.

하지만 탕탕 소리는 여전히 요란했고, 몸 속을 파고드는 날카로운 느낌도 줄어들지 않았어.

벽은 주위를 둘레둘레 살펴봤단다. 그리고 자신을 그토록 괴롭히는 것이 날카롭고 굵은 못이란 걸 알게 되었지. 벽은 못을 향해 소리를 꽥 질렀어.

"야! 대체 왜 이렇게 아프게 하는 거야? 난 너에게 해를 입힌 적이 한 번도 없는데!"

그러자 못이 말했단다.

"나도 어쩔 수 없어. 너를 괴롭히는 건 내가 아니라 벽에 못을 박고 있는 사람이거든."

벽은 아무 말도 할 수 없었단다. 못도 단단한 벽에 들어가기 위해 망치가 두들겨 대는 아픔을 참고 있었거든. 벽과 못은 아픔을 참아 낼 수밖에 없었던 거야.

 하지만 벽과 못은 작은 꿈을 꾸었단다. 무엇인가에 도움이 될 수 있는 일을 한다는 꿈 말이야. 옷걸이로 쓰일 수도 있고 액자를 걸 수도 있잖아. 그래서 아픔을 꾹꾹 참아 내며 꿈을 꾸고 있었던 거야.

탐/구/심/을/길/러/주/는/이/야/기
57. 현명한 여우와 늙은 사자

알맹이

등장 인물 : **늙은 사자, 여우**   구연 예상 시간 : **2분 40초**

꼬리가 길면 잡히게 마련이지요. 사자가 그랬습니다. 늙어서 힘이 없어지자 아픈 척하고 동물들에게 병문안을 오라고 해 놓고 오는 족족 잡아먹었죠. 동물들이 점점 줄어드는 것을 이상하게 여긴 여우가 그 사실을 알아 내고 동물들은 더 이상 병문안을 가지 않았습니다. 사자는 어떻게 되었을까요? 아이에게 뒷이야기를 상상해 보게 하세요.

 나이가 들어서 더 이상 자기 힘으로는 먹이를 사냥하지 못하게 된 사자가 있었단다.

고개를 갸우뚱거리며

 '무슨 좋은 방법이 없을까?'

한참을 생각하던 사자는 먹이를 얻기 위해 속임수를 써야 겠다고 생각했어.

늙은 사자는 마치 병에 걸린 것처럼 동굴 속에 가만히 누워 있었지. 그리고 다른 동물들에게 어서 병문안을 오라고 연락 했단다.

<많이 아픈 척 몸을 옆으로 기울이고>

"에구, 에구."

"아니, 사자님! 많이 아프세요?"

당나귀가 제일 먼저 병문안을 왔어.

"그렇다네. 이리 가까이 올 수 있겠나. 자네를 가까이서 보고 싶어."

사자의 꿍꿍이를 알 리 없는 당나귀는 사자 앞으로 바짝 다가갔단다.

바로 그 때였어.

"잘 걸려들었다. 얼마나 배가 고팠는지 아느냐, 으르렁, 꿀꺽!"

사자는 달려들어 당당나귀를 잡아먹었단다.

그 후에도 사자는 동굴 속에서 기다리고 있다가 병문안을 온 동물들을 닥치는 대로 잡아먹었지. 염소, 토끼, 말, 노루……. 그러니 동물들이 점점 줄어들 수밖에 없었어.

이런 변화를 가장 먼저 발견한 동물은 여우였어.

골똘히 생각에 잠겨

'아무래도 이상해. 분명히 뭔가 있어.'

여우는 그 이유를 알아보려고 사자가 있는 동굴로 찾아갔단다. 여우는 분명히 무슨 일이 일어난 거라고 생각했어. 여우는 동굴 입구에서 멀찌감치 떨어진 안전한 곳에서 사자의 안부를 물었단다.

"사자님, 몸은 좀 어떠세요?"

힘없이 대답하는 척

"그저 그렇다네. 어서 들어오게나."

사자가 여우를 유혹했어. 그러나 여우는 동굴 주위를 신중하게 살펴보았지.

"뭘 꾸물거리나? 어서 들어오래도."

사자가 다시 재촉했어. 그러나 여우는 동굴 속으로 들어가지 않는 것이 좋겠다고 결정했단다. 여우는 사자를 향해 소리쳤어.

"저도 그렇게 하고 싶습니다. 하지만 동굴 안으로 걸어 들어간 발자국은 많은데 걸어 나온 발자국이 없네요."

그 날 이후로 사자에게 병문안을 가는 동물들은 아무도 없었단다.

그 뒤에, 사자는 어떻게 되었을까?

탐/구/심/을/길/러/주/는/이/야/기
58. 병든 까마귀

알맹이

등장 인물 : **엄마까마귀, 아기까마귀**   구연 예상 시간 : **2분 40초**

철없는 아기까마귀가 신전이나 제단에 바쳐진 음식들을 닥치는 대로 먹어치웠습니다. 그러다가 병에 걸려 앓게 되자 엄마까마귀가 슬피 웁니다.
아기까마귀는 엄마까마귀에게 울지만 말고 신전에 가서 기도를 하라고 하지만 엄마까마귀는 기도를 들어줄 신이 하나도 없을 거라고 말합니다.
'이럴 줄 알았으면 한 곳이라도 남겨 놓을걸.' 하고 아기까마귀가 후회했을 것 같군요.

엄마까마귀와 아기까마귀가 살고 있었어.

그런데 엄마까마귀는 어린 자식 때문에 걱정이 태산이었단다. 아기까마귀가 너무나 철이 없었거든.

아기까마귀는 날마다 사방으로 날아다니면서 눈에 띄는 것은 닥치는 대로 먹어치웠지. 겁도 없이 신들의 신전이나 인간의 집까지 몰래 들어가서 제단에 바쳐진 음식들을 먹기도 했으니 엄마까마귀는 얼마나 속상했겠니?

더구나 높은 나뭇가지에 앉아서 뒤늦게 자신을 쫓아 나온 사람들을 바라보며 까악까악 웃어 대곤 했거든.

> 개구쟁이 같은 분위기로

"정말 재미있단 말이야. 신에게 바친 음식이라 그런지 더 맛있는 것 같아. 자기가 신이면 뭐 해? 날쌘 내 솜씨를 당하지 못하는걸."

아기까마귀가 이렇게 철없는 말을 할 때면 엄마까마귀는 가슴이 철렁했단다.

> 철없이 덤벙거리는 분위기로

"엄마엄마, 이것 좀 먹어 봐. 저기, 저 신전에서 가져왔는데 굉장히 맛있어."

> 속상해서 인상을 찡그리고

"아가, 그러면 못써! 도대체 어떻게 하려고 그러니?"

그러나 아기까마귀는 막무가내였어.

그러던 어느 날 아기까마귀는 무엇인가를 잘못 먹었는지 시름시름 앓기 시작했단다. 온몸이 불덩이처럼 뜨겁고 날개조차 움직일 수 없었지.

엄마까마귀는 병든 자식 옆에 앉아서 눈물을 흘렸단다.

> 슬픈 듯이

"흑흑흑, 흑흑흑! 아가, 어쩌면 좋단 말이니?"

그러자 아기까마귀가 엄마까마귀를 위로하면서 이렇게 말

했어.

> 귀엽지만 힘없는 목소리로

"엄마, 이제 그만 울어요. 그리고 신전으로 가서 저를 위해 신에게 기도해 주세요. 자비로운 신에게 기도를 드린다면 제 병을 낫게 해 주실 거예요."

이 말을 들은 엄마까마귀는 눈물을 흘리면서 무거운 한숨을 내쉬었단다.

> 고개를 절레절레하며

"이 철없는 아들아. 도대체 어떤 신이 너를 불쌍하게 생각해 주겠니?"

아기까마귀는 깜짝 놀라서 엄마까마귀를 바라보았지. 엄마가 하는 말을 이해할 수 없었어.

> 눈을 동그랗게 뜨고

"왜요? 신들이 얼마나 많은데요. 그 중에는 저를 도와 줄 신도 있지 않겠어요?"

엄마까마귀는 더욱 슬픈 표정으로 말했단다.

"그런 소리 말아라. 신들 가운데 네가 음식을 훔쳐 먹지 않은 신이 하나라도 있느냐? 단 한 분의 신이라도 있다면 이에미가 당장 달려가서 빌어 볼 수 있겠지만, 이제는 아무런 희망도 없게 되었구나."

탐/구/심/을/길/러/주/는/이/야/기
59. 방울새와 박쥐

> **알맹이**
>
> 등장 인물 : **농부, 방울새, 박쥐**   구연 예상 시간 : **2분 50초**
>
> 방울새는 목소리가 곱기로 유명합니다. 뿐만 아니라 다른 여러 새들의 흉내를 잘 내기로도 유명하지요.
> 그런 방울새가 낮에 노래를 부르다 농부에게 잡혔습니다. 그 후 방울새는 저녁에만 노래를 불렀습니다. 낮에 노래를 부르다가 잡혔기 때문에 나름대로는 조심한 것이지요. 그 사실을 안 박쥐는 조심하기엔 너무 늦었다고 충고합니다.
> 방울새도 이런 동화를 진작에 들었더라면 실수하지 않았을 텐데……. 아쉽습니다. 그리고 보면 이 동화를 듣는 우리 아이들은 참 행복합니다. 여러 유형의 교훈적인 이야기로 간접 경험을 할 수 있으니까요.

한 농부가 나무를 하기 위해 산 속으로 들어갔단다.

그런데 너무너무 아름다운 새 소리가 들리는 거야.

"쪼로롱, 쪼로롱, 쪼로로로롱……."

> 손차양을 하고 이리저리 둘러보며

'아름답기도 하지. 어디서 들리는 소릴까?'

농부는 숲 속 여기저기를 둘러보았단다. 그러다가 나무 위에 앉아 노래하고 있는 방울새를 발견했지. 목소리도 예뻤지만 모습도 너무너무 예뻤어.

"옳지. 저 새를 잡아다가 새장에 넣어 둬야지. 그러면 저 아름다운 노랫소리를 언제나 들을 수 있을 거야."

농부는 방울새를 잡아다가 자기 집 새장 속에 가두었단다.

그런데 말이야, 방울새는 농부의 집에 살게 된 다음부터 낮에는 한 번도 노래를 부르지 않는 거야.

하지만 밤이 되면 아름다운 목소리로 노래를 불렀단다.

> 고개를 갸우뚱거리며

농부는 그런 방울새가 이상했어.

"왜 밤에만 노래를 부르는 걸까? 낮에는 통 울지 않다가 밤이 되면 노래를 부르니……. 참 이상하단 말이야."

농부는 아무리 생각해도 그 이유를 알 수 없었단다.

날이 저물고 다시 밤이 되었어. 방울새는 밤이 깊어지자 아름다운 목소리로 노래를 부르기 시작했지.

> 밝고 고운 목소리로

"쪼로롱, 쪼로롱. 쪼로로로롱."

밤 하늘을 날던 박쥐가 이 노랫소리를 듣고 방울새가 있는 곳으로 찾아왔단다. 그리고 물었어.

"어째서 당신은 낮 동안에는 아무런 소리도 내지 않고 있다가 밤이 되면 노래를 부르는 거죠?"
그러자 방울새는 이렇게 대답했단다.
"다 그럴 만한 이유가 있답니다. 낮에 노래를 부르다가 이렇게 붙잡히는 신세가 되었기 때문이지요. 그러고 보면 나도 좀 현명해진 셈 아닌가요?"
방울새의 이야기를 다 들은 박쥐는 어처구니가 없었어.
"그렇다면 당신은 조심하기 위해 낮에는 침묵을 지키다가 밤에만 노래를 부른다는 건가요?"
그러자 방울새가 고개를 끄덕이며 말했단다.
"그렇답니다."
박쥐는 기가 막혔단다. 그래서 말했지.
"이미 엎질러진 물을 다시 주워 담을 수는 없어요. 조심하는 것이 너무 늦었군요. 지금 와서 그게 무슨 소용이 있단 말이에요? 농부에게 붙잡히기 전에 진작 그런 생각을 했어야지요."

탐/구/심/을/길/러/주/는/이/야/기
60. 새들의 왕

> **알맹이**
>
> 등장 인물 : **제우스, 헤르메스, 까마귀 외 여러 새들**   구연 예상 시간 : **3분**
>
> 제우스가 새들의 왕을 뽑기 위해 모든 새들을 신전으로 불렀습니다. 까마귀는 왕이 되고 싶어 다른 새들의 깃털을 주워 몸을 치장하지만 들키고 맙니다. 치장으로 가릴 수 있는 것이 얼마나 될까요? 글쎄, 새까만 깃털을 윤이 나도록 다듬고 나갔더라면 혹시 새들의 왕이 되지 않았을까요?

어느 날 제우스는 새들이 지금보다 더욱 행복하게 지낼 수 있도록 새들의 왕을 정해야겠다고 생각했어.

그래서 새들을 모아 놓고 왕의 자격을 갖춘 새를 뽑기로 했단다.

제우스는 헤르메스를 보내서 이 세상의 모든 새들을 신전으로 모이도록 했어.

신처럼 신비스러운 분위기로

"새들은 모두 나의 신전으로 모이도록 해라. 그 중에서 가장 아름다운 새를 뽑아 새들의 왕으로 삼겠다."

그 소식을 들은 새들은 모두들 몸을 아름답게 단장하기 시작했단다. 모두들 왕이 되고 싶었던 거야.

뽐내는 투로

"이 정도면 왕이 될 수 있을 테지?"

아름다운 깃털을 가진 공작새는 자신만만해하며 깃털을 다듬었어.

"알록달록한 것보다 나처럼 이렇게 하얀 게 더 우아해. 왕은 내가 될 거야."

학도 나뭇가지 위에 앉아 여유 있게 때를 기다렸지.

'나는 어쩌면 좋지?'

마치 먹물을 뒤집어쓴 것처럼 온몸이 검은 까마귀는 맥이 빠져 아무것도 하기 싫었단다.

까마귀는 화려한 깃털을 가진 새들이 너무너무 부러웠어.

 울상을 지으며

'이렇게 검은 몸으로는 왕이 될 수 없을 거야.'

까마귀는 금방이라도 울고 싶었단다.

그러다가 한 가지 꾀를 생각해 냈어. 까마귀는 다른 새들이 있던 자리를 돌아다니면서 여러 가지 색깔의 깃털을 주워 모았지.

온갖 색깔의 깃털을 주워서 집으로 돌아온 까마귀는 그 깃털로 자신의 몸을 치장하기 시작했단다.

 두 손을 허리에 얹고 폼을 잡는 척하며

"이 정도면 충분해. 나보다 더 아름다운 새 있으면 나와 보라고 해."

까마귀는 뛸 듯이 기뻤어. 알록달록하게 변한 자신의 모습이 정말 아름다웠거든.

드디어 숲 속의 모든 새들이 신전으로 모였어. 천천히 새들을 둘러보던 제우스는 까마귀를 가리키면서 말했단다.

"네가 가장 아름답구나. 너를 새들의 왕으로 삼겠다."

까마귀는 뛸 듯이 기뻤어.

"감사합니다, 감사합니다."

까마귀는 꾸벅꾸벅 절을 했단다. 그리고 소릴 질렀지.

"나는 왕이다! 새들의 왕이다!"

하지만 다른 새들은 그 결정에 동의할 수가 없었어.

"말도 안 돼."

공작은 화를 냈어.

"정말 이건 아니야. 저 까마귀가 내 털을 가지고 있는걸."

학은 까마귀 등에 꽂혀 있는 자신의 하얀 털을 발견하고 소리쳤어.

모든 새들이 너도나도 소리쳤단다.

"맞아, 저건 내 털이야."

그리고는 새들은 까마귀의 몸에 붙어 있던 자신의 깃털을 다시 찾아갔지.

그러자 까마귀는 다시 추한 모습으로 돌아가고 말았단다.

IV
창의성을
길/러/주/는/이/야/기

창/의/성/을/길/러/주/는/이/야/기
61. 세 마리의 황소와 사자

> **알맹이**
>
> 등장 인물 : **황소 세 마리, 사자**   구연 예상 시간 : **4분 20초**
>
> 사이좋은 황소 세 마리가 있었습니다. 그 근처에 있는 사자가 늘 어슬렁 거리며 그들을 잡아먹으려고 노렸지만 세 마리를 동시에 이겨 낼 수 없어서 포기하지요. 그러다가 꾀를 내어 황소들의 사이를 갈라놓고 한 마리씩 잡아 먹습니다.
>
> '뭉치면 살고 흩어지면 죽는다.' 는 속담이 떠오르는 웃지 못할 이야기입 니다. 아이에게 이 속담도 한번 들려주면 이야기가 머릿속에 더 오래 남겠 지요?

어느 살기 좋은 마을에 세 마리의 황소가 살고 있었단다. 세 마리의 황소는 아주 사이가 좋았지.

흥겨운 목소리로

"우리들은 사이좋은 친구들, 우리는 언제나 함께야!"
"그럼, 그럼. 그렇고말고."
"우리 언제까지나 사이좋게 지내자."
그들은 서로 먹을 것도 양보해 가며 우정를 뽐냈단다.
그런데 세 마리의 황소가 사는 곳 근처에는 항상 배가 고파

헐떡거리는 사자가 한 마리 살고 있었어. 그 사자는 배가 얼마나 컸던지, 먹어도 먹어도 배가 자꾸 고팠단다. 그러니 세 마리의 황소를 얼마나 잡아먹고 싶었겠니? 그래서 어떻게 하면 황소를 잡아먹을 수 있을까 기회를 노렸단다.

> 조바심이 나서

"저 녀석들을 꼭 잡아먹어야 할 텐데. 꿀꺽, 아이고 배가 너무 고파!"

사자는 황소들 주위를 자꾸만 돌아다녔어. 배는 고팠지만 어떻게 할 방법이 없었던 거야. 왜냐하면 황소들은 항상 세 마리가 붙어 다녔기 때문에 사자 혼자 힘으로는 당할 수가 없었거든.

얼마 전에 배가 고픈 사자는 황소를 사냥하기 위해 나선 적이 있었단다.

> 비장한 각오로

"오늘은 기필코 사냥을 해서 내 배를 채우고야 말 테다."

그런데 사자가 황소를 잡아먹기 위해 가까이 다가가면 다른 황소가 달려와서 뿔로 받으려고 하는 거야. 그래서 그 황소를 쫓아가면 다시 또다른 황소가 달려들었어.

사자는 세 마리의 황소가 너무 무섭게 달려들어 달아날 수밖에 없었지. 멀리멀리, 아주 멀리 말이야.

사자는 나무 그늘에 앉아 곰곰이 생각했단다.

<깊이 생각하는 말투로>

'어떻게 하면 저 황소들을 잡아먹을 수 있을까?'

생각하고 또 생각했어.

그 때 아주 좋은 생각이 떠올랐어.

'옳지!'

사자는 세 마리의 황소를 직접 공격하지 않고 황소들에게 서로서로 욕을 한다는 것을 알려야겠다고 생각했어. 그러면 사이가 나빠질 거라고 생각했던 거지. 황소들은 서로를 미워할 테고, 위험에 처해도 도와 주지 않을 테니까 말이야. 그 때 따로따로 공격하면 될 것 같았어.

사자는 세 마리의 황소를 찾아가서 말을 걸었단다.

<능청스럽게>

"황소들아, 이 세상에서 가장 힘이 센 황소가 누구지?"

그러자 황소들은 제각기 자기가 힘이 세다고 말하는 거야.

<서로 우쭐대며>

"그야 물론 내가 제일 힘이 세지."

"아니야, 너보다는 내가 힘이 셀 거야."

"웃기지 마. 이 세상에서 나를 당할 자는 없어."

황소들은 언제 사이좋았냐 싶게 서로 자기가 힘이 세다고 우쭐거렸어.

그러자 사자가 황소들을 쳐다보면서 말했단다.

"그렇게 말로 해서 어떻게 알 수 있겠니? 아무래도 이 중에는 가장 힘이 센 황소가 없는 것 같구나."

사자는 머리를 흔들면서 그 자리를 떠났단다.

그러자 황소들은 저마다 서로 자기가 힘이 세다고 하면서 다투기 시작했지.

각각 목소리를 달리 하며 싸우듯이

"어, 날 쳤어? 어디 맛 좀 봐라!"

"그래, 어쩔 테냐?"

"다들 꺼져 버려! 내가 제일 힘이 세다고."

세 마리의 황소는 뿔을 부딪치면서 치열하게 싸웠어. 하지만 힘이 비슷한 황소들은 결판을 낼 수가 없었지.

황소들은 숨을 헐떡거리면서도 계속 서로를 헐뜯고 있었어. 세 마리의 황소는 결국 사자의 계획대로 사이가 아주 나쁘게 되었지 뭐니. 그래서 세 마리의 황소는 더 이상 함께 다니지 않게 되었단다.

기회를 노리고 있던 사자는 이제는 마음놓고 황소를 한 마리씩 잡아먹을 수 있게 된 거야.

음흉하게

"내 머리를 당할 자, 그 누가 있을쏘냐. 하하하하!"
사자만 좋게 된 거지.

창/의/성/을/길/러/주/는/이/야/기
62. 북풍과 태양

알맹이

등장 인물 : **북풍, 태양, 나그네**   구연 예상 시간 : **2분 50초**

　북풍은 북쪽에서 불어 오는 바람을 말하며, 북새풍이라고도 합니다. 반대말은 남풍이지요. 태양은 해의 또다른 이름이라는 것까지 아이가 알아들을 수 있는 범위 내에서 한 번 일러 주는 것도 어휘력 향상을 위해서 좋습니다.
　북풍과 태양이 서로 자기 힘이 세다고 우기며 시합을 하기로 했습니다. 지나가는 나그네의 옷을 벗기기로 했지요. 먼저 북풍이 세차게 불었습니다. 그러나 그럴수록 나그네는 옷을 더 꼭꼭 입었습니다. 태양은 뜨거운 빛을 내리쬐었습니다. 나그네는 더워서 옷을 벗었죠. 결국 태양이 이긴 겁니다.
　힘보다 지혜가 훨씬 위에 있다는 것을 일러 주세요.

　북풍과 태양이 말다툼을 벌이고 있었어. 서로 자신의 힘이 더 세다고 우기다가 말다툼이 벌어지게 된 거였지.
　"내가 힘이 더 세다고!"
　북풍이 소리쳤어.

"무슨 소리야? 내가 힘이 더 세단 말이야."
태양도 지지 않고 소리쳤단다.

<잔뜩 벼르며>

"그렇다면 누구의 힘이 더 센지 시합을 해 보는 것이 어떨까?"
태양은 고개를 끄덕이며 북풍의 제안을 받아들였지.

<자신만만하게>

"좋아. 그런데 무슨 시합을 할까?"
북풍은 주위를 두리번거렸어. 그러다가 길을 가는 나그네를 발견했지. 북풍은 태양에게 말했어.

<당당한 목소리로>

"저 나그네의 외투를 먼저 벗기는 쪽이 이기는 거야."
"그래, 좋아."
태양이 미소를 지으면서 대답했지. 그런 일이라면 자신 있었거든. 북풍은 세찬 바람을 잔뜩 몰고 오면서 소리쳤단다.
"내가 약간만 입김을 후, 하고 불어도 저 사람의 외투쯤은 간단하게 벗길 수 있을 거야."
북풍은 얼굴에 자신감이 넘쳤단다. 그리고 나그네가 다가오기만을 기다렸다가 바람을 불었어.
"휘이이잉, 휘이이잉!"

> 당황하며

"날씨가 참 이상하구나. 하늘이 맑은데 갑자기 세찬 바람이 불어 오다니……."

나그네는 바람을 피하기 위해 허리를 숙이며 외투의 단추를 꼭꼭 채웠어.

나그네의 외투가 좀처럼 벗겨지지 않자, 북풍은 더욱 힘을 주면서 입김을 불었단다. 그러자 나그네는 추위를 피하기 위해 더욱 단단히 옷깃을 여몄지.

북풍은 점점 더 바람을 세차게 불었단다. 그러나 나그네의 외투를 벗길 수는 없었어. 북풍은 몹시 실망하면서 뒤로 물러났지.

태양이 미소를 지으면서 말했어.

> 자신만만해하며

"자, 이제는 내 차례야. 잘 지켜봐."

태양은 나그네에게 다가갔어. 그리고는 아주 부드러운 빛을 비추었단다. 그러자 나그네는 단단히 여미고 있던 외투의 단추를 풀었어.

"자, 이 때다. 아주 뜨거운 빛을 내리쬐는 거야."

그리고는 태양은 다시 뜨거운 열기를 내뿜었지.

> 투덜대며

"날씨가 왜 이렇게 변덕스러워? 조금 전까지만 해도 바람이 세차게 불더니만, 이제는 너무 덥네."

잠시 후, 나그네는 더위를 견디지 못하고 옷을 모두 벗었어. 그리고 강으로 풍덩 뛰어들어갔단다.

> 우쭐대며

"봐, 내가 이겼지. 내가 힘이 더 세다고."

태양은 북풍에게 으스댔어. 북풍은 얼굴을 붉히며 슬그머니 사라지고 있었단다.

창/의/성/을/길/러/주/는/이/야/기

63. 독수리와 까마귀 그리고 양치기

> 알맹이
>
> 등장 인물 : 독수리, 까마귀, 양치기, 양치기의 아이들   구연 예상 시간 : **3분 50초**
>
> 독수리 한 마리가 먹이를 찾다가 양을 발견하고 낚아챘습니다. 그런데 그 모습을 지켜보던 까마귀가 자기도 할 수 있을 것 같아서 따라 하다가 오히려 양치기에게 붙잡혀 혼이 났다는 이야기입니다. 제 분수를 알아야 한다는 거겠죠? 까마귀가 무엇을 잘못했는지 아이들에게 물어 보고 서로 이야기를 나누어 보세요.

독수리 한 마리가 있었단다. 이 독수리는 벌써 며칠째 굶고 있어서 몹시 배가 고팠어.

[기운이 하나도 없는 목소리로]

"아이, 배고파라. 배가 고파서 기운이 하나도 없네."

독수리는 먹이를 찾기 위해 힘겨운 날갯짓을 하며 하늘을 날아다녔단다.

"어디 먹을 게 좀 없을까? 아이고, 어지러워."

독수리는 하늘을 빙빙 돌면서 곳곳을 살펴보았지. 그러다가 들판에서 한가롭게 풀을 뜯고 있는 양 떼를 발견했단다. 독수리는 원래 먼 곳까지 잘 볼 수 있거든.

[반가운 기분으로 입맛을 다시며]

"아, 저놈 맛있겠다. 꼴깍."

군침이 저절로 돌았지.

"내 저놈을 잡아먹어야겠다!"

독수리는 잠시 동안 하늘을 빙글빙글 돌았어. 그러고는 날쌔게 내려와서 새끼양 한 마리를 낚아챘단다.

[다급한 목소리로]

"안 돼! 저 못된 독수리 같으니라고."

양치기는 지팡이를 휘두르면서 쫓아갔어. 그러나 독수리는 새끼양을 발톱으로 단단히 잡고 있었나 봐. 절대 놓치지 않았단다. 독수리는 새끼양을 잡고 멀리멀리 날아가 버렸지.

그런데 말이야. 그 모습을 유심히 지켜보던 까마귀 한 마리가 있었는데, 그 까마귀는 독수리가 무척 부러웠어.

> 부러운 듯

"아, 나도 독수리처럼 멋지게 사냥을 할 수 있으면 좋겠다. 아냐, 나라고 못 할 리 없어."

까마귀는 자기도 독수리처럼 양을 사냥해야겠다고 생각했던 거야.

> 거만한 듯, 자신 있게

"흥, 저 정도는 나도 할 수 있어."

까마귀는 자신만만해하며 독수리처럼 하늘 높이 솟구쳤단다. 그리고는 커다란 울음소리를 냈어.

"깍깍깍! 까악, 까악, 까악!"

하면서 말이야.

> 점점 빠르고 급하게 연출하여 긴장감을 줍니다.

까마귀는 양 떼가 있는 곳으로 날아갔어. 그리고 어미양에게 덤벼들어서 발톱으로 양의 털을 꽉 움켜쥐었지. 재빨리 양을 움켜잡은 까마귀는 다시 하늘로 날아오르려고 했단다.

> 맥 빠진 목소리로

"어? 왜 이러지? 왜 이렇게 무거워?"

그런데 이를 어쩌니? 까마귀는 양을 들어올릴 수가 없었어. 아무리 애를 써도 말이야.

그래서 까마귀는 양을 다시 놓으려고 했단다. 그런데 그것도 마음대로 할 수가 없었어. 까마귀의 발톱이 양의 곱슬곱슬한 털에 엉켜 버리는 바람에 양을 떼어 버릴 수가 없었던 거야. 까마귀는 죽을힘을 다해 날갯짓을 했어. 그러나 헛수고였지. 도저히 하늘로 날아오를 수가 없었어.

그 모습을 발견한 양치기 소년이 가만 있었겠니? 재빨리 달려와 까마귀를 잡았단다.

> 몹시 화가 난 목소리로

"나쁜 놈, 네까짓 게 감히 양을 잡으려고 해?"

양치기는 까마귀의 날개를 움켜쥐고 화를 냈단다. 까마귀는 벌벌 떨며 아무 말도 할 수 없었지.

"네 이놈! 날개를 잘라 버려야겠다."

양치기는 까마귀의 날개를 사정없이 잘라 버렸단다. 그 바람에 까마귀는 다시는 날 수 없게 되었어.

양치기는 집으로 가는 아이들에게 날개 잘린 까마귀를 주었어.

> 궁금한 듯

"이게 무슨 새예요?"

아이들이 양치기를 쳐다보면서 물었단다. 그러자 양치기가 뭐라고 한 줄 아니?

"음, 분명히 까마귀는 까마귀인데, 자기 자신을 독수리라고 생각하는 멍청이 새란다."

하고 말했대. 아이들은 배를 잡고 웃었지.

창/의/성/을/길/러/주/는/이/야/기

64. 까마귀와 여우

알맹이

등장 인물 : **까마귀, 여우**   구연 예상 시간 : **2분 40초**

칭찬을 듣고 싫어하는 사람은 아마 아무도 없을 것입니다. 빈말인 줄 알면서도 괜히 기분이 좋아져서 한턱 쓰기도 하죠. 그러고 보면 칭찬 속에는 묘한 힘이 들어 있나 봅니다.

칭찬 앞에 무너진 까마귀 이야기입니다. 까마귀가 고깃덩어리를 훔쳐 나무에서 쉬고 있었습니다. 그 모습을 본 여우가 까마귀의 자태를 칭찬하여 기분을 띄우고 고깃덩어리를 빼앗습니다. 고깃덩어리를 빼앗긴 까마귀 기분이 어땠을까요? 칭찬을 듣고 기분만 들떠서는 안 되겠지요?

어느 날, 까마귀 한 마리가 커다란 고깃덩어리 한 조각을 훔쳤단다. 그것도 사람이 사는 마을에서 말이야. 먹이가 생겨서 신이 난 까마귀는 높은 나뭇가지에 앉아서 잠시 쉬고 있었어.

> 침을 꿀꺽 삼키며

"아, 이 맛좋은 냄새! 집에 가져가서 맛있게 먹어야지."
까마귀는 아주 흐뭇하게 웃었지.
그런데 까마귀가 앉아 있는 나무 밑을 지나가던 여우도 이 고기 냄새를 맡았지 뭐니.
"가만, 이 냄새가 어디서 나는 거지?"
여우는 주위를 두리번거려 보았어. 그러다가 까마귀를 발견했지. 여우는 그 때 배가 고파서 먹을 것을 찾아 나선 길이었거든.
여우는 까마귀가 커다란 고깃덩어리를 물고 나뭇가지에 앉아 있는 것을 보고는 꼴깍, 군침을 삼켰단다.

> 음흉한 미소를 지으며

'까마귀 녀석, 저런 큰 고깃덩어리를 어디서 구했지?'
여우는 까마귀가 물고 있는 고깃덩어리가 탐이 났어. 그래서 까마귀가 앉아 있는 나무 밑으로 가서 말을 걸었단다.

> 리듬을 주며

"까마귀야! 나는 네가 이 세상의 모든 새들 중에서 가장 아름다운 새라고 생각해."

까마귀는 깜짝 놀라 여우를 내려다보았단다.
"우아한 몸매와 윤기가 흐르는 깃털……, 정말 멋져!"
눈치 빠른 여우는 계속 말을 이었단다. 갑자기 칭찬을 들은 까마귀는 우쭐해져서 우아하게 앉아 있었지.

우아한 척 뽐내며

"정말, 그렇게 생각하니? 하하하!"
꾀 많은 여우는 이 때다 싶어 몹시 안타까운 척하며 말했단다.
"그 깃털만큼 아름다운 목소리를 낼 수만 있다면, 너는 진정 새들의 왕이 될 수 있었을 텐데."
그러자 자신의 목소리도 아름답다는 걸 알리고 싶어진 까마귀는 우쭐한 기분에 입을 크게 벌리고 목청껏 노래했단다.

예쁜 척하며

"까옥, 까옥, 까옥……. 까옥, 까옥, 까옥……."
다음은 어떻게 되었겠니?

아이들이 대답할 시간을 주고

그래, 바로 그거야.
까마귀가 자기 목소리를 뽐내기 위해 입을 크게 벌리는 순간 고깃덩어리가 밑으로 떨어지고 만 거야. 여우는 재빨리 입을 벌려서 떨어지는 고깃덩어리를 물었어. 그리고 까마귀를 향해서 이렇게 말했단다.

"까마귀야, 만약 네가 현명한 판단력까지 갖추었다면 정말 새들의 왕으로서 부족함이 없었을 거야."

창/의/성/을/길/러/주/는/이/야/기
65. 당나귀와 매미

알맹이

등장 인물 : 당나귀, 매미   구연 예상 시간 : 1분 50초

당나귀가 길을 가다가 매미 노랫소리를 듣고 반했습니다. 당나귀는 매미를 찾아가 어떻게 하면 노래를 잘 부를 수 있는지 물었습니다. 매미는 이슬만 먹고 살면 된다고 하자 당나귀는 이슬만 먹다가 죽고 말았습니다.

노래를 잘 부를 수 있는 것도 큰 능력이지만 그 노래를 아름답게 들을 수 있는 것도 큰 능력인데 안타깝습니다. 자신이 가진 능력을 발휘했더라면 더 좋았겠죠?

어느 날, 매미가 아름다운 목소리로 노래를 부르고 있었어.

"맴맴맴맴, 매앰매앰매앰……."

매미의 노랫소리는 숲 속 널리널리 울려 퍼졌지.

"아름답기도 해라."

"매미 노랫소리가 있어 숲이 더 시원하게 느껴지는걸."

숲 속의 동물들은 모두 매미 노랫소리를 좋아했어.

길을 지나가던 당나귀도 매미의 아름다운 노랫소리를 듣게 되었단다.

> 취한 듯 감탄하며

"정말 아름다운 노래구나. 누가 부르는 걸까?"

당나귀는 주위를 둘러보다가 매미가 나무에 붙어서 노래를 부르고 있다는 것을 알게 되었어. 당나귀는 서둘러 매미가 있는 곳으로 다가갔단다.

당나귀는 매미를 불렀어.

> 다정하고 부드럽게

"매미야!"

매미는 노래를 멈추고 당나귀를 돌아보았단다.

"왜 그래?"

"너의 노랫소리는 정말 아름답구나. 그런데 너는 뭘 먹고 살기에 그렇게 노래를 잘 부르니?"

당나귀가 물었어. 당나귀는 매미의 아름다운 노랫소리가 정말 부러웠거든.

"나는 이슬을 먹지."

매미가 뻐기듯 말했어.

당나귀는 그 대답을 듣고 매우 기뻤단다. 자기도 이슬만 먹는다면 매미처럼 노래를 잘 부를 수 있을 거라고 생각했던 거야.

<결심한 듯 주먹을 쥐어 보이고>

"그래, 나도 앞으로 이슬만 먹어야지. 그렇게 하면 나도 아름다운 노래를 부를 수 있을 거야."

그 때부터 당나귀는 이슬만 먹다가 결국 굶어 죽고 말았단다. 세상에!

창/의/성/을/길/러/주/는/이/야/기
66. 배부른 여우

<알맹이>

등장 인물 : **여우 두 마리**   구연 예상 시간 : **3분 40초**

굶주린 여우가 나무 구멍 속에 있는 음식을 발견하고 들어가 배가 부르도록 먹었습니다. 그 바람에 몸이 커져서 나올 수가 없었지요. 지나가던 다른 여우는 다시 배가 홀쭉해질 때까지 기다리면 된다고 합니다. 다시 배가 홀쭉해질 때까지 음식의 주인이 나타나지 않으리라는 보장이 있을까요? 조금만 앞을 내다봤더라면 적당히 먹었을 텐데……. 여우는 과연 어떻게 되었을지 아이와 이야기를 이어 보세요.

굶주린 여우 한 마리가 숲 속을 걸어가고 있었어.

여우는 얼마나 배가 고팠던지 어디 먹을 것이 없나 주위를 계속 두리번거렸단다.

<배가 고픈 것처럼 힘없이 주위를 두리번거리며>

"사흘이나 굶었더니 배가 완전히 등에 붙었네. 정말 배고픈걸. 어디 먹을 게 좀 없을까?"

여우는 먹을 것을 찾기 위해 이리저리 살펴보았단다.

그러다가 아주 구수한 음식 냄새를 맡은 거야. 여우는 군침을 흘리면서 말했어.

<냄새를 맡듯 킁킁거리며>

"킁킁, 맛있는 음식 냄새가 풍기는구나. 도대체 어디서 나는 냄새지?"

여우는 재빨리 냄새가 풍기는 곳을 찾아갔단다. 맛있는 냄새는 참나무에서 흘러나오고 있었어.

'참나무에서 음식 냄새가 풍기다니, 이상한 일이군.'

여우는 커다란 참나무를 이리저리 살펴보았어.

그 참나무는 커다란 구멍이 뚫려 있었는데 그 구멍 속에 맛있는 빵과 고기가 들어 있지 뭐니.

'신난다!'

여우는 신이 났어.

그것은 어떤 양치기가 먹고 남겨 둔 음식이었지. 하지만 그 구멍의 입구가 너무 작아서 쉽게 들어갈 수가 없지 뭐니.

<몸을 비틀며 구멍 속에 들어가는 시늉을 합니다.>

"낑낑, 꼭 들어가고 말 거야. 낑낑."

여우는 몸을 비틀면서 입구가 좁은 구멍 속으로 겨우 들어갔어.

<즐거운 듯>

"냠냠, 맛있다. 이게 얼마 만에 먹는 고기야?"

참나무 구멍 속으로 들어간 여우는 그 자리에서 음식을 깨끗이 먹어치웠지. 몹시 배가 고팠거든. 얼마나 정신 없이 먹었던지 배가 빵빵해지는 것도 몰랐어. 다 먹고 보니 배가 풍선이 불어나듯 불룩하게 불어난 거야.

<배를 내밀고 쓰다듬으며>

"아, 배부르다! 이제 슬슬 나가 볼까?"

여우는 구멍에서 나오려고 했지만, 배가 너무 불러서 나갈 수가 있어야지.

<고개를 갸우뚱거리며>

"이상하다. 구멍이 왜 이렇게 좁아졌지?"

여우는 구멍에서 나오기 위해 애를 썼어. 하지만 들어올 때와는 달리 도저히 나갈 수가 없는 거야. 여우는 눈물을 흘리면서 자신의 신세를 한탄하기 시작했단다.

"엉엉, 당장의 배고픔을 피하려고 구멍 속으로 들어왔다가 나갈 수가 없게 되었구나. 아마 난 이 곳에서 양치기에게 붙잡히고 말 거야. 엉엉."

여우는 더욱 큰 소리로 울기 시작했어.

그 때 다른 여우 한 마리가 우연히 그 곳을 지나가다가 그 소리를 들었단다. 그 여우는 참나무 구멍 속에서 울고 있는 여우를 발견했어.

"자네는 도대체 왜 거기서 울고 있나?"

구멍 속의 여우는 울먹이면서 어떻게 된 일인지 자세하게 이야기해 주었단다. 사정을 알게 된 여우는 웃으면서 말했어.

한심스럽다는 듯

"자네는 정말 어리석군. 그런 일 때문에 울고 있다니! 걱정하지 말고 자네가 처음 그 구멍 속으로 들어갈 때만큼 배가 홀쭉해질 때까지 기다려. 그러면 구멍에서 쉽게 빠져 나올 수 있을 테니까."

창/의/성/을/길/러/주/는/이/야/기
67. 말의 울음소리를 흉내낸 솔개

> **알맹이**
>
> 등장 인물 : **솔개, 말**   구연 예상 시간 : **2분 50초**
>
> 나보다 남이, 내가 가진 것보다 남이 가진 것이 더 멋지고 좋아 보이기도 하지요. 그런 시각을 갖고 살면 늘 남이 부럽고, 내 것이 못마땅해서 불만이 쌓이게 되고 열등감으로 자리잡을 수도 있습니다. 실제로는 내가 가진 것이 더 나은데도 말이죠. 자신에게 당당한, 자존감 있는 사람으로 성장해야만 밝고 긍정적인 삶을 살 수 있습니다. 아이와 이 이야기를 나누며 아이에게 자존감을 심어 주세요.
>
> 솔개가 있었습니다. 솔개는 어느 날 멋지게 달리는 말을 보고 반해서 넋을 잃습니다. 말의 울음소리까지 멋지게 들렸죠. 그래서 그 울음소리를 늘 흉내냈습니다. 그러다가 지금처럼 흉한 목소리를 갖게 되었답니다.

솔개는 다른 새들처럼 아름다운 목소리로 노래를 부를 수가 없단다. 솔개의 울음소리를 들으면 마치 비명을 지르는 것처럼 괴상한 소리가 나기 때문이야.

목에 힘을 주고 목소리를 괴상하게 연출하세요.

"삐익, 삐익, 삐익!"

이렇게 말이야.

그러나 처음부터 솔개의 울음소리가 그랬던 것은 아니었어. 오래 전에는 솔개도 카나리아나 방울새처럼 아름다운 목소리를 가지고 있었단다.

그런데 어느 날이었어. 사냥을 하기 위해 하늘을 날아다니던 솔개는 우연히 건장한 말 한 마리가 멋지게 달려가는 모습을 보게 되었지.

그 모습을 본 솔개는 그만 말에게 홀딱 반하고 말았단다.

`감탄하는 말투로`

"어쩜! 멋있기도 해라."

솔개는 날갯짓을 멈추고 말을 지켜보았어. 몸은 반질반질 윤이 났고 긴 다리는 너무나 멋졌지.

솔개가 이렇게 감탄하고 있을 때, 말이 고개를 흔들면서 울음소리를 낸 거야.

`말처럼 고개를 흔들며`

"히히힝, 히히힝!"

솔개의 귀에는 말의 울음소리마저 무척 아름답게 들렸지. 어때? 너도 말울음 소리가 멋있니?

`아이가 생각해 보고 대답할 수 있도록 시간을 줍니다.`

'어디 한번 나도 흉내내 봐야지.'

솔개는 말의 울음소리를 흉내내 보았단다.

`우스꽝스럽게`

"힝, 힝."

그러나 좀처럼 잘 되지 않는 거야.

솔개는 말의 울음소리를 내기 위해 만날만날 열심히 노력했단다.

"히잉, 히잉!"

솔개는 시간이 날 때마다 말처럼 울었어.

그런데 너무나 오랫동안 말의 목소리를 흉내낸 솔개는 갑자기 어느 순간부터 원래의 예쁜 목소리를 낼 수가 없게 되어 버렸단다. 솔개는 깜짝 놀라서 소리를 질렀어.

크고 흥식하게

"삐익!"

솔개의 울음소리는 귀청이 찢어지는 듯한 날카로운 소리로 변해 버렸지. 말의 울음소리를 흉내내던 솔개의 목소리가 그만 변하고 말았던 거야. 솔개가 아무리 노력해도 이상한 소리만 나올 뿐, 원래의 목소리가 나오지 않았단다.

"아이구, 어쩌면 좋아."

솔개는 가슴을 치며 후회했단다. 그래도 소용없는 일이었지.

그래서 솔개는 말의 울음소리도 흉내내지 못하고 자신의 목소리도 잃어버려서 지금은 그 어느 쪽도 아닌 목소리를 가지게 된 거래. 불쌍해서 어쩌니!

창/의/성/을/길/러/주/는/이/야/기

68. 당나귀와 개와 주인

> **알맹이**
>
> 등장 인물 : **당나귀, 개, 주인**   구연 예상 시간 : **2분 40초**
>
> 주인의 사랑을 듬뿍 받는 개를 시샘하는 당나귀가 있었습니다. 당나귀는 자기도 주인의 사랑을 받고 싶어서 아양을 떨어 보지만 오히려 마구간에 묶이는 신세가 되고 맙니다.
> 자신에게 어울리는 일이 다 있기 마련인데 굳이 남을 흉내낼 필요가 있을까요? 당나귀가 주인에게 사랑받을 수 있는 일에는 어떤 것이 있을까, 아이와 이야기를 나누어 보세요. 아이가 충분히 생각해서 말할 수 있도록 시간을 주시고 아이의 이야기를 끊지 말고 끝까지 들어주는 것도 아주 중요하답니다.

한 남자가 귀여운 개와 당나귀를 기르고 있었어.

개를 무척이나 사랑했던 그 남자는 항상 개와 장난을 하며 놀았단다.

개를 부르듯 혀를 차며

"쫑쫑쫑, 이리 와. 아유, 예쁘기도 하지."

털을 쓰다듬고, 꼬리를 어루만지며, 온갖 사랑을 주었지.

그 남자는 맛있는 음식이 생길 때마다 개에게 나누어 주기도 했단다. 개는 꼬리를 흔들면서 주인의 무릎 위로 기어올라가 온갖 아양을 떨곤 했어.

'치이, 개만 예뻐하고.'

이 광경을 가만히 지켜보던 당나귀는 개가 부러워서 견딜 수가 없었어. 똑같이 집에서 기르는 짐승인데 왜 그렇게 차별을 하는지 이해할 수가 없었지.

> 인상을 찡그리고 투덜거리는 척

"도대체 주인은 왜 개만 좋아하는 걸까? 하는 일이라고는 매일 밥만 먹고 잠자는 것뿐인데……. 거기에 비하면 난 무거운 짐도 들어 주고 농사일도 해 주잖아."

당나귀는 날마다 투덜거렸어.

'도대체 그 이유가 뭘까?'

당나귀는 곰곰이 생각해 보았지.

> 손가락을 부딪쳐 딱, 소리를 내며

"맞아. 개가 아양을 떨기 때문이야. 나도 그렇게 하면 되겠구나."

당나귀는 자기도 개처럼 주인에게 아양을 떨어야겠다고 결심했단다.

그러던 어느 날이었어.

당나귀는 대문 앞에서 외출한 주인이 돌아오기만을 기다리고 있었어.

'이번에는 내가 개보다 먼저 뛰어나갈 거야. 나도 아양을 떨고 사랑도 받을 거라고.'

당나귀는 단단히 벼르고 별렀단다.

그 때였어. 주인이 돌아와 대문을 막 들어서려고 했단다.

당나귀는 잽싸게 뛰어나가 주인 주위를 맴돌며 꼬리를 흔들어 댔어.

> 응석을 부리듯 콧소리를 내며

"아찌, 아찌, 얼마나 기다렸다고요. 아찌, 나도 안아 줘잉."

당나귀는 주인을 향해 껑충껑충 뛰어오르면서 거친 혓바닥으로 얼굴을 핥고 난리가 났어. 그러다가 그만 커다란 발로 주인을 세게 밟아 버렸지 뭐야.

"아얏! 이놈의 당나귀가!"

머리끝까지 화가 난 주인은 회초리를 휘둘러 당나귀를 마구간으로 쫓아 버렸단다.

그리고 다시는 함부로 돌아다니지 못하도록 단단히 묶어 놓았지.

창/의/성/을/길/러/주/는/이/야/기
69. 고양이와 병아리

알맹이

등장 인물 : 고양이, 병아리들   구연 예상 시간 : 3분 50초

호시탐탐 병아리들을 노리는 고양이가 있었습니다. 어느 날, 병아리 한 마리가 병이 들었다는 소식을 듣고 의사로 변장을 하고 가지만 꼬리 때문에 탄로가 나고 말지요.

> 글쎄, 완벽하게 속인다는 건 불가능한 일이겠지요. 어떤 경우이건 다 탄로가 나게 마련이에요. 병아리들은 다 알고 있는데 계속 의사인 척하는 고양이 꼴이 우습군요.

<small>작고 귀여운 목소리로</small>

"삐악, 삐악, 삐악."

어느 농장에 병아리들이 살고 있었어. 병아리들은 농장 주인의 보호를 받으면서 아무 걱정 없이 무럭무럭 잘 자랐단다.

그런데 병아리들에게는 한 가지 걱정이 있었어. 그건 바로 그 농장 옆에 살고 있는 고양이 때문이었지.

고양이는 농장 주인이 주는 먹이만으로는 만족하지 못하고, 어떻게 하면 병아리를 잡아먹을 수 있을까 기회를 엿보고 있었단다.

<small>고양이가 발톱으로 할퀴듯이 손을 폈다 오므리며</small>

"저 맛좋은 병아리를 꼭 잡아먹어야 할 텐데, 야옹!"

고양이는 틈만 나면 병아리 우리 주변을 살금살금 돌아다녔단다. 병아리들은 고양이만 보면 다리가 후들후들 떨렸어.

<small>낮게 속삭이듯</small>

"얘들아, 고양이가 나타났다. 조심해."

"알았어. 문은 잘 잠가 두었으니까, 걱정하지 마."

병아리들은 모두 하나가 되어 고양이를 감시했지.

그 바람에 고양이는 병아리들이 사는 우리 안으로 쉽게 들어갈 수 없었단다.

그러던 어느 날 몇 마리의 병아리들이 시름시름 앓기 시작했단다. 이 사실을 알게 된 고양이는 기뻐 어쩔 줄 몰라 했어.

〖음흉하게〗

"흐흐흐, 드디어 기회가 왔구나. 의사처럼 변장해서 우리 속으로 들어가는 거야. 그런 다음 마음껏 병아리들을 잡아먹어야지."

고양이는 너무너무 신이 났어.

〖살금살금 걸어가는 흉내를 내세요.〗

그래서 얼른 의사로 변장을 했지. 하얀 가운을 입고, 안경도 쓰고, 청진기도 구해서 목에 걸었어. 그리고 병아리들을 찾아갔단다.

그리고 병아리들을 향해 의사처럼 점잖게 말했어.

〖의사인 척 점잖을 빼는 목소리로〗

"이봐요, 나는 병든 병아리를 치료하기 위해 온 의사랍니다. 이 우리의 문을 좀 열어 주시겠어요?"

고양이는 속으로는 온통 병아리를 잡아먹을 생각으로 가득했으면서 겉으로는 인자한 의사인 척 너그럽게 웃었단다.

"그래요?"

> 여기저기 살피는 흉내를 냅니다.

병아리들은 우리의 문을 열기 전에 조심스럽게 의사를 살펴보았어. 그러다가 겉옷 밑으로 길게 늘어진 고양이 꼬리를 발견했단다.

눈치 빠른 병아리들은 곧 고양이가 의사로 변장한 거라는 사실을 알아차렸어. 하지만 고양이는 여전히 의사 흉내를 내면서 점잖게 물었단다.

"아픈 병아리들이 있다는 이야기를 듣고 찾아왔는데, 병든 병아리들은 좀 어떤가요?"

병아리들은 모르는 척 태연하게 말했단다.

"괜찮아요. 우리들은 아무 문제도 없다고요. 아저씨만 사라져 준다면 우리 병은 깨끗이 나을 거예요"

병아리들의 말을 들은 고양이는 뭔가가 이상하다는 느낌을 받았어.

"괜찮아. 얘들아, 말해 보렴. 난 의사니까 너희들 병을 치료해 줄 수 있단 말이야. 난 의사라고."

그 말에 병아리들은 콧방귀를 뀌었어.

> 비웃는 투로

"피, 고양이가 의사라고?"

그 말에 고양이는 뒷걸음질로 우리에서 도망쳐 나왔단다.

창/의/성/을/길/러/주/는/이/야/기
70. 지나친 욕심

알맹이

등장 인물 : 사자, 토끼, 사슴   구연 예상 시간 : 2분 20초

두 마리 토끼를 잡으려다 다 놓친다는 말이 있습니다. 지나친 욕심을 삼가라는 뜻이죠. 이 이야기가 바로 그런 이야기입니다.
늙은 사자가 있었습니다. 이 사자는 힘이 없어서 제대로 사냥도 할 수 없었습니다. 그러다가 곤히 잠든 토끼를 발견하고 잡아먹으려는데 풀을 뜯고 있는 사슴이 눈에 띄었습니다. 사자는 토끼보다 훨씬 크고 맛좋은 사슴에 욕심을 내다가 토끼까지 다 놓치게 되지요.

사자 한 마리가 들판을 어슬렁거리고 있었어. 하루 종일 사냥감을 찾아 돌아다녔지만 나이가 많아서 사냥을 제대로 하지 못했지. 늙은 몸으로 날쌔고 젊은 먹잇감들을 잡을 수 없었던 거야.

배는 고프고 몸은 지치고……. 동물의 왕 사자는 꼴이 말이 아니었지.

'아, 내 신세가 이렇게 될 줄이야. 휴유.'

사자는 한숨을 내쉬며 나무 그늘에 앉았어. 그런데 이게 웬

일이니? 바로 옆에 토끼 한 마리가 깊이 잠들어 있었어.

"이런 곳에서 토끼를 만나다니!"

사자는 너무나 기뻐 어쩔 줄 몰랐어.

〈살금살금 다가간다는 뜻으로 손을 모아 턱 밑에 갖다 대고 살살 걷는 척하세요.〉

살금살금, 사자가 토끼에게 다가갔어. 잠들어 있는 쉬운 먹잇감을 놓칠 수는 없지 않겠니? 그런데 바로 그 순간 사슴 한 마리가 또 눈에 띄었어. 사슴은 가까운 곳에서 풀을 뜯고 있었지.

〈군침을 흘리며〉

"내가 좋아하는 사슴이잖아!"

사자는 토끼를 잡을까, 사슴을 잡을까, 잠시 망설였어. 토끼는 쉽게 잡을 수 있었고, 사슴은 토끼보다는 힘들게 잡겠지만 맛이 좋고, 또 양도 많았지. 사자는 두 개 다 놓치기 싫었어. 그러나 어쩌겠니? 사슴으로 결정을 내렸단다. 토끼는 포기한 거지.

"기왕이면 크고 맛있는 사슴을 잡아야지!"

사자는 사슴이 있는 곳을 향해 달리기 시작했어. 하지만 귀가 밝은 사슴은 사자의 발소리만 듣고도 벌써 멀리 달아나기 시작했단다.

〈요란하게 사슴 발소리를 내는 척〉

"두두두두두두~."

그 바람에 토끼도 잠에서 깨 멀리 달아나 버렸지.

사자는 있는 힘을 다해 사슴을 쫓았지만, 늙은 사자가 어떻게 발빠른 사슴을 잡을 수가 있었겠니?

사자는 하는 수 없이 나무 그늘로 돌아왔어. 토끼라도 잡기 위해서였지. 하지만 토끼는 이미 달아난 뒤였어. 사슴과 토끼를 모두 놓친 사자는 자신의 어리석음을 한탄했단다.

"큰 것을 바라다가 손 안에 든 것마저 놓쳐 버렸구나."

창/의/성/을/길/러/주/는/이/야/기

71. 여우와 신 포도

말맹이

등장 인물 : **여우**　구연 예상 시간 : **2분 10초**

　자신의 마음을 다스리는 일은 다른 무엇보다 중요하다는 생각이 듭니다. 같은 상황을 놓고도 어떤 사람은 좌절을 하는가 하면 어떤 사람은 얼른 털고 일어나 도약의 발판으로 삼지요. 그런 면에서 이 글에 나오는 여우는 참 현명하다는 생각이 듭니다.

　굶주린 여우가 먹을 것을 찾다가 포도덩굴을 발견하고 그 탐스러움과 먹음직스러움에 기뻐합니다. 그러나 포도덩굴은 너무 높이 있어서 도저히 먹을 수 없게 되자 얼른 '저 포도는 굉장히 실 거야.' 하며 마음을 접습니다.
어떠세요? 되지도 않을 일을 전전긍긍하며 집착하느니 얼른 새로운 것을 찾아 나서는 게 좋지 않을까요?

며칠째, 아무것도 먹지 못하고 쫄쫄 굶은 여우 한 마리가 있었어.

지친 목소리로

"아유, 배고파. 배가 고파서 죽겠네. 어디 먹을 게 좀 없는지 찾아봐야겠다."

여우는 먹을 것을 찾아 숲 속을 이리저리 돌아다녔단다. 그런데 좀처럼 먹을 것이 눈에 띄지 않았어.

여우는 그늘에 앉았단다. 너무 힘들었기 때문에 좀 쉬어 가야겠다 싶었던 거지.

헉헉거리다가 갑자기 고개를 들어 냄새를 킁킁 맡는 척합니다.

그런데 어디선가 달콤한 냄새가 풍겨 왔어.

"아니, 이 향기로운 냄새는?"

여우는 냄새를 따라가기 시작했단다. 종종종종~ 냄새를 따라 숲 속 여기저기를 헤맸지. 그러다가 마침내 탐스러운 포도송이가 주렁주렁 매달린 포도덩굴을 발견했단다.

"야! 이 곳에 이런 것이 있었다니!"

높은 곳을 바라보며

여우는 눈앞에 펼쳐진 풍성한 포도를 보며 벌어진 입을 다물지 못했어.

"정말 맛있게 생긴 포도야. 무척 달겠는걸."

여우는 얼른 포도덩굴 가까이로 갔어.

그런데 포도가 너무 높은 곳에 있지 뭐니.

> 까치발을 하고, 위로 손을 잔뜩 뻗는 척하며

"에구, 에구."

여우는 포도를 따기 위해 손을 쭈욱 뻗었지만, 포도에 손이 닿질 않았어.

"어떻게 하면 좋지?"

여우는 잠시 생각한 끝에, 몇 걸음 뒤로 물러났다가 다시 그 자리까지 뛰어와 힘껏 뛰어올랐어. 하지만 그래도 포도는 손에 닿질 않았단다.

> 다시 헉헉거리듯

여우는 포도를 따기 위해 계속 깡충깡충 뛰어 보았지만, 별 소용이 없었어.

그렇게 한참 동안 포도와 실랑이를 벌이던 여우는 결국 포기할 수밖에 없었지.

여우는 돌아서면서 이렇게 중얼거렸단다.

"저 포도는 굉장히 실 거야. 분명해."

창/의/성/을/길/러/주/는/이/야/기
72. 전나무와 가시나무

알맹이

등장 인물 : **전나무, 가시나무**   구연 예상 시간 : **2분 30초**

전나무와 가시나무가 있었습니다. 전나무는 자신에 비해 키도 작고 볼품 없는 가시나무를 무시하고 놀리지만 가시나무는 자신의 장점들을 들며 당당해 합니다. 오히려 언제 도끼에 찍혀 나갈지 모르는 전나무를 걱정하지요.
아이들은 어떤 나무가 더 낫다고 생각할까요?

어느 숲 속에 전나무 한 그루와 가시나무 한 그루가 살고 있었단다. 전나무는 키가 크고 덩치도 좋았지만, 가시나무는 그렇지 못했어. 작은 가시만 무성할 뿐, 작고 볼품이 없었지.
그래서 전나무는 가시나무를 은근히 무시했단다.

곡을 붙여 노래로 불러 줍니다.

"룰루라라. 나는 세상에서 가장 멋진 나무라네. 내 모습은 멋쟁이……."

전나무는 신나게 노래를 부르더니 가시나무를 힐끔 보며 말했어.

무시하듯

"넌 정말 불쌍한 녀석이야. 키도 작지, 모양도 볼품 없지, 그리고 그 잔가시들은 다 뭐니?"

가시나무는 기가 막혔단다. 함부로 말하는 전나무가 너무 얄미웠어.

"흥, 키만 크면 뭘 하니?"

가시나무가 당당하게 말했어. 전나무는 당황했지. 기가 죽어 움츠러들 줄 알았는데 너무 씩씩했거든. 그래서 더 공격을 해야겠다고 생각했어.

"키는 그렇다 치고 가시는 어떡하니? 그 가시 때문에 아무도 널 좋아하지 않을걸?"

그러나 가시나무는 조금도 기죽지 않았단다.

"난 온몸에 가시가 있어서 더 좋아. 그 가시 때문에 아무도 날 건드리지 못하거든. 그래서 항상 마음이 편하지."

어이없는 표정을 지으며

전나무는 가시나무의 말을 듣고 어이가 없었어. 가시를 좋아하다니! 한심하다는 생각이 들었지.

"마음이 편하다고? 별 소릴 다 듣겠구나. 그리고 넌 키가 작으니 땅 위에 있는 것밖엔 볼 수 없지? 난 파란 하늘과 눈부신 태양도 마음껏 볼 수 있단다. 나무라면 나 정도의 키는 되어야지. 난 단단하고 결이 고와서 배도 만들 수 있어. 너하고는 감히 비교가 안 되지."

> 역시 어이없는 표정으로

그러나 가시나무는 태연하게 말했단다.

"그런 건 하나도 부럽지 않아. 무자비하게 네 몸통을 찍어 내는 도끼와 톱을 떠올린다면, 너도 가시나무로 태어나고 싶을걸?"

창/의/성/을/길/러/주/는/이/야/기

73. 여행자와 까마귀

알맹이

등장 인물 : 상인들, 까마귀   구연 예상 시간 : 3분

  누군가에게 영향력을 발휘하려면 무엇보다 스스로 노력을 많이 해야 되겠지요. 자기 자신 하나도 추스르지 못하면서 남에게 뭐라고 하겠어요?
  한쪽 눈이 먼 까마귀가 있었습니다. 이 까마귀는 어느 날, 길 가는 상인들 위에서 울어 댔습니다. 불길한 일을 예견하는 까마귀가 울자 상인들은 겁을 먹고 되돌아가려 합니다. 까마귀는 신이 나서 더 울어 대지만 까마귀의 한쪽 눈이 먼 것을 발견한 한 상인이 자신의 불길한 일도 예측하지 못한 까마귀를 어떻게 믿냐며 무시합니다.

상인들이 길을 가고 있었단다.

"빨리 서두르세. 너무 늦을 것 같군."

"그래, 그게 좋겠네."

이 상인들은 여러 나라를 돌아다니며 물건을 팔고 돈을 버는 사람들이었지. 이 나라 저 나라를 돌아다니다 보면, 아내와 자식이 있는 집에는 몇 년 만에 한 번 올까 말까 했어.

이렇게 긴 여행을 해야 하기 때문에 많은 사고가 생기고, 또 심할 때는 목숨을 잃는 사람도 종종 있었단다. 그래서 상인들은 아주 사소한 일이 일어나도 불길한 징조로 여기고 미리 조심하곤 했어.

이 상인들이 숲을 지나게 되었단다. 사람도 잘 다니지 않는 아주 외진 곳이었지.

〖덜덜 떨며〗

"으스스한 게 어째 기분이 영 좋지 않네그려."

"그건 나도 마찬가질세. 이렇게 깊은 숲은 처음이야."

"그저 조심하는 게 제일이지."

상인들은 더욱 조심스럽게 걸었단다. 숲일수록 위험한 일이 더 많았거든.

〖살금살금 걸으며〗

상인들은 조심조심 걸었지.

그런데 그 때였어.

"까악, 까악, 까악!"

높은 가지 위에서 까마귀가 울었단다. 그 까마귀는 한쪽 눈이 먼 외눈박이였어.

상인들은 걸음을 멈췄어. 까마귀는 예로부터 불길한 새로 알려졌기 때문에 뭔가 안 좋은 일이 벌어질 것만 같았기 때문이야. 안 그래도 불안한데 까마귀를 봤으니 얼마나 놀랐겠니?

손가락을 세워 어딘가를 가리키며 놀란 눈으로

"저, 저기……, 까마귀가 있어! 불길한 징조야."

상인 하나가 까마귀를 가리키며 소리질렀어. 다른 상인들도 그 까마귀를 보고 불안에 떨기 시작했지. 여기저기서 웅성거리는 소리가 났어.

"어디? 어디? 까마귀가 어디 있어요?"

"저어기, 저어기 있잖아요."

상인들은 모두 걸음을 멈추고 까마귀를 쳐다보았단다.

이 모습을 지켜보던 까마귀는 너무너무 우스웠어. 그래서 일부러 상인들의 머리 위를 천천히 맴돌았지.

"까악~ 까악~. 바보들 같으니."

까마귀는 사람들을 놀리는 게 신나기만 했어.

웅성거리던 상인들 가운데 한 상인이 나서서 말했단다.

벌벌 떨면서

"아무래도 다시 되돌아가는 게 좋겠어. 까마귀가 나타났다는 건 너무 불길해. 우리 중에 누가 죽을지도 몰라."
그러자 다른 상인이 이렇게 큰 소리로 말했어.
"자세히 봐. 저 까마귀는 한쪽 눈이 멀었어. 자기 눈 하나를 잃게 되는 것도 예측하지 못했던 하찮은 짐승이 어떻게 우리의 미래를 예측할 수 있겠나?"
상인들은 그제서야 다시 걸음을 재촉했단다.

창/의/성/을/길/러/주/는/이/야/기

74. 달팽이

알맹이

등장 인물 : 농부, 아들, 달팽이 구연 예상 시간 : 2분 20초

한 농부가 밭에서 일을 하다가 달팽이를 발견하고 아들에게 갖다 줍니다. 아들은 그것을 구워 먹으려고 모닥불 위에 올려놓습니다. 달팽이가 익으면서 탁탁 소리를 내자 아들은 자기 집이 타는 것도 모르고 달팽이에게 북 소리를 낸다고 나무랍니다.

달팽이는 얼마나 억울했을까요? 남의 몸을 통째로 불 위에 올려놓고 나무라기까지 하다니!

어느 농부가 밭에서 열심히 일하고 있었어.

땀을 닦으면서 힘든 척

"휴, 힘들구나. 조금 쉬었다 해야지."

농부는 땀을 닦으며 그늘에 앉았단다.

그런데 농부의 눈에 띄는 게 있었어.

손을 재미있게 움직여 달팽이가 기어가는 모습을 흉내내 주세요.

무언가 둥근 것이 고물고물 움직이고 있었지.

"어? 저게 뭐지?"

농부는 얼른 그 둥근 것을 주웠어.

무엇인가를 줍는 척하며

"이건, 달팽이 아냐?"

농부가 발견한 건 굉장히 커다란 달팽이였지. 농부는 집에 있는 어린 아들을 생각하며 주머니에 달팽이를 넣었단다.

"녀석, 갖다 주면 좋아하겠지?"

저녁이 되었어. 하루의 일을 마친 농부는 집으로 돌아왔지.

반가워하며 큰 소리로

"아빠~."

아들이 일을 마치고 돌아온 아빠를 반겨 주었단다.

"잘 놀았어?"

농부는 아들을 번쩍 들어올렸어. 그리고는 낮에 주웠던 달팽이를 아들에게 주었지.

"옛다, 달팽이다!"

달팽이를 본 농부의 아들은 무척 기뻐했단다.

> 만세를 부르듯 손을 위로 올리고

"우와, 맛있겠다!"

아들은 모닥불 위에 달팽이를 올려놓았어. 구워 먹으려는 거지.

"탁! 탁탁!"

그런데 어느 정도 시간이 지나자 소리가 나는 거야.

> 귀에 손을 대고 자세히 듣듯

아들은 이상해서 귀를 기울여 그 소리를 들었단다.

"탁! 탁!"

불길이 세어지자 소리는 더욱 커지고, 더욱 빨라졌어. 그 소리는 마치 축제날 신이 나서 두들겨 대는 북 소리 같았지. 그런데 그건 농부네 집이 불에 타는 소리였단다. 그걸 모르는 아들은 달팽이에게 말했어.

> 한심하다는 듯 혀를 쯧쯧 차듯

"멍청한 녀석! 자기 집이 불타고 있는데 한가하게 북이나 두드리고 있다니!"

아들은 달팽이가 내는 소리로 생각했던 거야.

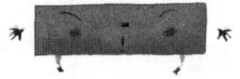

창/의/성/을/길/러/주/는/이/야/기

75. 허리가 부러진 여우와 뱀

알맹이

등장 인물 : **여우, 뱀**   구연 예상 시간 : **2분 10초**

　이 이야기는 여우가 긴 몸을 가진 뱀이 부러워 자신의 몸을 지나치게 늘이다가 허리를 부러뜨리고 말았다는 이야기입니다.
　언뜻 보면 나보다 상대방이 가진 것이 더 좋아 보이기도 하지요. 그러나 조금만 자세히 살펴보면 각자에게 가장 알맞은 몸과 그 밖의 것들을 갖고 있다는 것을 금방 알 수 있습니다. 나도 저렇게 키가 컸으면, 나도 저렇게 예뻤으면, 노래를 잘 불렀으면, 공부를 잘 했으면……, 하고 바랄 필요가 없습니다. 어떤 사람은 배려하는 마음이 남다르고, 또 어떤 사람은 유머 감각이 있고, 눈치가 빠른 사람도 있고, 피부가 고운 사람도 있고……. 각자 비슷한 분량의 장점들을 갖고 있지요. 아이에게 자신이 갖고 있는 것이 참 좋으며 소중하다는 것을 알게 해 주세요. 물론 '자만' 과는 구분이 되어야겠지요.

　여우 한 마리가 큰 무화과나무 밑을 지나가고 있었어.

눈앞에 큰 나무를 보듯 놀라며

　"이렇게 큰 무화과나무는 처음이야. 정말 대단한걸."
　여우는 무화과나무를 올려다보았어. 나무 꼭대기엔 무화과들이 주렁주렁 매달려 있었지.
　"따먹고 싶지만 그림의 떡일세. 너무 높아서 딸 수가 없어."
　여우는 안타까운 마음으로 올려다보았지.

그러다가 여우는 무화과나무 밑에서 잠들어 있는 길다란 뱀을 보았단다.

> 부러운 표정과 말투로

"이 뱀은 몸이 아주 길구나. 내 몸도 뱀처럼 길면 얼마나 좋을까? 그러면 높은 곳에도 쉽게 올라갈 수 있을 텐데."

여우는 뱀의 긴 몸뚱이가 무척 부러웠어. 자기도 뱀처럼 몸이 길어지고 싶었지.

"나도 노력하면 저렇게 길어질 수 있을까? 어디 한번 해 보자."

여우는 뱀 옆에 나란히 누워서 몸을 길게 늘이기 시작했어.

> 몸을 길게 늘이는 척하며

"여엉차, 여엉차!"

머리와 발끝에 힘을 주고 몸을 쭈욱 뻗었지. 그렇게 몇 번을 거듭했어.

"몸이 조금씩 길어지는 것 같은데?"

여우는 기분이 좋았단다. 그래서 더욱 힘을 줘서 몸을 길게, 길게 늘였어.

하지만 어느 정도 몸이 늘어난 이후에는 더 이상 늘어나지 않는 거야.

"있는 힘을 다해서 한 번 더 늘이는 거야."

여우는 숨을 크게 들이쉬면서 몸을 길게 늘이기 위해 있는 힘을 다 주었어.

그런데 갑자기 뚝 하는 소리가 들리는 거야.

"으악, 내 허리야!"

여우는 비명을 질렀단다.

지나치게 몸을 늘이다 허리가 부러지고 말았던 거지.

창/의/성/을/길/러/주/는/이/야/기

76. 독사와 물뱀

알맹이

등장 인물 : **독사, 물뱀, 개구리** 구연 예상 시간 : **2분 40초**

샘을 놓고 독사와 물뱀이 서로 싸우기로 했습니다. 이 소식을 듣고 평소 물뱀을 싫어하던 개구리는 독사를 찾아가 돕겠다고 약속을 하고 힘차게 응원을 합니다. 싸움은 독사의 승리로 끝났지만 독사는 자신을 돕지는 않고 한가하게 노래만 했다며 개구리를 꾸짖습니다.

독사는 독사대로, 개구리는 개구리대로 할 말이 있을 듯합니다. 아이들은 어떻게 생각할까요? 어느 한편에 서서 변호를 해 보게 하세요.

어떤 독사가 항상 물을 마시러 가는 샘이 있었단다.

그 샘에는 물뱀이 한 마리 살고 있었어. 물뱀은 독사가 자기의 영역에 만족하지 않고 남의 땅에 함부로 들어오는 것이 못마땅했어.

그래서 물뱀은 독사가 그 샘에 오지 못하도록 하고 싶었단다. 하지만 독사는 물뱀을 무시하고 샘으로 와서 물을 마셨어.

> 큰 소리로 명령하듯

"야, 독사! 이건 내 샘이야. 물을 마시고 싶다면 먼저 내 허락을 받도록 해."

물뱀이 독사를 향해 소리쳤지.

> 같이 큰 소리로 대꾸합니다.

"웃기지 마! 누구나 샘물을 마실 권리가 있어. 너도 내 땅을 지나갈 때 내 허락을 받는 건 아니잖아."

독사가 물뱀에게 대답했어.

그 사건이 벌어진 다음부터 두 뱀의 사이는 점점 나빠졌단다. 그래서 독사와 물뱀은 결국 싸움을 벌여서 이기는 쪽이 땅과 샘물을 모두 차지하기로 결정했지.

독사와 물뱀은 먼저 싸울 날짜를 정했어. 그 소식을 듣고 평소에 물뱀을 싫어하던 개구리들이 독사를 찾아갔단다.

"독사님, 우리도 독사님을 돕겠어요. 꼭 이기셔야 해요."

개구리들은 입을 모아 말했어. 손가락까지 걸며 약속했지.

"고맙다, 개구리들아."

독사도 기분이 좋았단다.

드디어 싸움이 시작되었어. 독사는 있는 힘을 다해서 물뱀과 싸웠지. 개구리들은 뱀 두 마리가 싸우는 것을 구경하면서 독사를 응원하기 위해 소리를 질러댔어.

박수를 치며

"독사 이겨라. 개굴개굴!"

"독사 이겨라. 개굴개굴!"

결국 싸움은 독사의 승리로 끝났단다.

그런데 독사는 승리를 거둔 후에 개구리들을 꾸짖었어.

손가락질을 하며 혼내듯이

"너희들은 나를 돕겠다고 해 놓고 약속을 지키지 않았어! 내가 싸우는 동안 나를 도와 줄 생각은 하지 않고 한가롭게 노래만 부르고 있었지?"

개구리들은 억울하다는 듯 말했단다.

"독사님, 독사님도 잘 알고 계시잖아요, 우리들의 팔과 다리로는 독사님을 도울 수가 없어요. 단지 목소리로만 도울 수 있을 뿐이죠."

정말, 개구리들은 독사를 도울 수 없었을까? 한번 생각해 보렴.

창/의/성/을/길/러/주/는/이/야/기

77. 굶주린 개

알맹이

등장 인물 : 들개들　구연 예상 시간 : 2분 50초

　허기를 채우기 위해 강가로 물을 마시러 갔던 들개들이 강 건너편에 기름진 먹이들이 있는 것을 발견합니다. 그리고 어떻게 하면 강을 건너 그 먹이를 차지할 수 있을까 고민하다가 강물의 물을 다 먹어 버리기로 하지요. 그러나 곧 배가 터져서 죽고 맙니다.
　강을 건널 다른 방법은 없었을까요? 아이들의 생각을 들어보면 좋겠습니다. 혹시 아이가 말한 방법이 물을 마시는 것보다 더 무모할지라도 "어머! 그럴 수도 있겠구나." 하며 감탄해 주는 것을 잊지 마세요.

　한 무리의 들개가 먹이를 구하기 위해 들판을 이리저리 돌아다니고 있었단다.
　들개들은 오랫동안 헤매고 다녔지만 먹이를 하나도 구하지 못했어. 그들이 살고 있는 들판은 워낙 메마르고 숲이 없어서 짐승들이 많이 살지 않았거든. 너무나 배가 고픈 들개들은 물이라도 마셔야겠다고 생각하고 강가로 갔단다.
　"어푸, 어푸, 물이라도 마시니 조금 괜찮구나."
　강가에 도착한 들개들은 허기를 채우기 위해 물을 마구 마서댔지. 그러다가 강 건너편을 보고 깜짝 놀랐어.

황홀한 모습을 보듯 실눈을 뜨고

"아니! 저것은……."

강 건너편은 땅이 기름져서 토끼와 사슴을 비롯해 온갖 짐승들이 뛰어다니고 있는 게 아니겠니?

들개들이 물을 마시러 왔을 때, 마침 강 건너편에서도 토끼와 사슴들이 물을 마시고 있었어.

들개들은 살찐 사냥감들을 보자 흥분하지 않을 수 없었단다. 무척 배가 고팠거든.

"컹컹! 컹컹!"

"으르렁, 컹컹!"

들개들은 강 건너편을 향해 날뛰었어. 성격이 급한 들개는 벌써 강물 속으로 첨벙 뛰어들기도 했지. 그러나 강물이 워낙 깊고 물살이 세서 강을 건너는 것은 도저히 불가능했단다.

"살려 줘! 살려 줘!"

강물에 급하게 뛰어든 들개들은 물살에 휘말려 떠내려가고 말았지.

고개를 갸우뚱거리며

"어떻게 하면 저 강을 건널 수 있을까?"

들개들은 머리를 맞대고 방법을 의논했단다. 눈에 빤히 보이는 먹잇감들을 그대로 놓치기에는 너무나 아까웠기 때문이지.

> 손뼉을 짝, 치며

"좋은 수가 있어!"

들개 한 마리가 소리쳤어.

"그게 뭔데?"

모두가 그 들개에게 귀를 기울였단다. 그 들개는 이렇게 말했어.

"우리가 저 강물을 모두 마셔 버리는 거야. 그러면 물살에 휩쓸릴 위험도 없이 땅을 딛고 강을 건널 수 있잖아!"

마침내 들개들은 자신들을 가로막고 있는 강물을 몽땅 마셔 버리기로 했단다.

강물을 모두 마시고 강 건너편으로 갈 수만 있다면 살찐 먹이들을 마음껏 잡아먹을 수 있을 것 같았거든.

"벌컥, 벌컥."

"벌컥, 벌컥."

굶주린 들개들은 정신 없이 강물을 마시기 시작했단다. 그들의 머릿속에는 오직 머지않아 먹게 될 맛있는 먹이만이 가득했어.

그러나 그것도 잠시 뿐, 들개들은 배가 터져서 모두 죽고 말았단다.

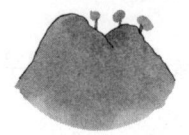

창/의/성/을/길/러/주/는/이/야/기
78. 박쥐의 변신

알맹이

> 등장 인물 : 박쥐, 족제비   구연 예상 시간 : 2분 40초
>
> 박쥐가 두 번이나 족제비에게 붙잡혔다가 한번은 쥐인 척하고, 또 한번은 새인 척하며 살아났다는 이야기입니다.
> 호랑이 굴에 들어가도 정신만 차리면 산다는 속담이 생각나는 이야기예요.

어느 날 박쥐가 족제비에게 붙잡히고 말았어. 자신이 죽을 운명이라는 사실을 알게 된 박쥐는 살려 달라고 족제비에게 싹싹 빌었단다.

"제발 저를 살려 주세요."

"살려 주세요."

하지만 족제비는 박쥐를 놓아 줄 생각이 없었어.

잡아먹을 듯 무서운 느낌으로

"나는 새가 싫어! 날개를 가지고 있는 걸 보니까 너는 새인 게 틀림없어. 그러니 너를 잡아먹어야겠다."

박쥐는 다행스럽게도 날개를 폈다 접었다 하면서 자신의 모습을 바꿀 수 있는 재주를 가지고 있었단다. 박쥐는 재빨리 날개를 접으면서 말했어.

"저는 새가 아니라 쥐의 일종입니다. 저의 모습을 자세히 보세요."

과연 날개를 접은 박쥐의 모습은 꼭 쥐처럼 보였단다.

"음, 자세히 보니 네 말이 맞구나. 빨리 집으로 가거라."

족제비는 박쥐를 놓아 주었어. 이렇게 해서 박쥐는 위험으로부터 간신히 벗어날 수 있었지.

"아휴, 다행이야. 정말 큰일날 뻔했어."

무사히 풀려난 박쥐는 안도의 한숨을 쉬면서 집으로 돌아갔어.

그러던 어느 날이었단다.

박쥐는 또다른 족제비에게 붙잡히고 말았어. 이번에도 박쥐는 제발 살려 달라고 애원했지.

> 울먹이며

"저를 불쌍히 여겨 주세요. 한 번만 살려 주세요."

그러나 그 족제비는 냉정하게 거절했단다.

"나는 쥐만 보면 소름이 끼쳐. 도저히 너를 살려 줄 수 없구나. 너도 쥐의 일종이란 말야."

> 두 팔로 날개를 만들어 활짝 펼치는 시늉을 합니다.

박쥐는 그 말을 듣고 재빨리 날개를 활짝 폈단다. 그리고 자신은 쥐가 아니라 새라고 우겼어.

"저는 쥐가 아니라 새입니다. 여기를 보세요, 날개도 있잖아요."

과연 날개를 펴고 하늘을 날아다니는 박쥐의 모습은 영락없이 새와 같았지.

그래서 박쥐는 다시 한 번 족제비의 손에서 풀려날 수 있었단다.

창/의/성/을/길/러/주/는/이/야/기

79. 개구리 의사와 여우

알맹이

등장 인물 : 늙은 개구리, 다른 개구리들, 여우, 당나귀   구연 예상 시간 : **4분**

온갖 약초에 대해서 잘 알고 있다며 큰소리치는 늙은 개구리가 여우에게 다리를 물리게 되었습니다. 그 때 마침 개구리들의 축제가 열렸는데 당나귀는 자신의 병도 못 고치는 주제에 무슨 의사냐며 늙은 개구리를 놀립니다.
이 이야기는 자기 관리가 얼마나 중요한지에 대해서 이야기하고 있지요. 무슨 일을 하건 가장 기본이 되는 일은 자기 관리라고 할 수 있습니다.

개굴개굴, 개굴개굴, 개굴개굴, 개구리 울음소리를 들려줍니다.

어느 호숫가에 개구리들이 무리를 지어서 살고 있었어.

그 중에는 늙은 개구리가 한 마리 있었단다. 늙은 개구리는 다른 개구리들에게 자신은 호수 근처의 온갖 약초에 대해 잘 알고 있다고 늘 큰소리를 쳤어.

<아는 체, 뻐기며>

"이 약초로 말할 것 같으면 배가 아플 때 먹으면 그만이지. 그리고 이 약초는 말이야, 머리가 지끈지끈 아플 때 먹으면 금방 나아."

그래서 개구리들은 몸이 아프거나 상처가 날 때마다 늙은 개구리를 찾아가서 도움을 청했단다.

"의사 선생님! 우리 아들이 설사를 한답니다. 뭘 먹이면 좋을까요?"

"에, 또, 설사라? 그러면 저기, 저 나무 밑에 있는 저 약초를 캐다 먹이시오."

늙은 개구리는 어깨에 힘을 주고 말했지.

그러던 어느 날 여우가 물을 마시기 위해 호숫가로 내려왔다가 늙은 개구리를 만났어.

마침 배가 고팠던 여우는 늙은 개구리를 덮쳐서 뒷다리를 왁, 물었단다.

"아얏!"

늙은 개구리는 재빨리 호수 속으로 뛰어들었어.

늙은 개구리는 다행히 목숨은 건졌지만 뒷다리를 물려서 커다란 상처를 입었단다. 그리고 그 상처 때문에 다리를 절룩거리게 되었지 뭐니.

무척 아픈 척

"아이구, 다리야. 절룩!"

그러던 어느 날, 개구리들의 축제가 열렸단다. 개구리들은 호수 근처에 사는 모든 동물들을 초대했어. 그리고 흥겨운 노래를 부르면서 즐겁게 놀았지.

리듬과 가락을 주어 노래로 부릅니다.

"오늘은 즐거운 날
개구리들의 축제날
개굴개굴 개굴개굴
숲 속의 개구리들아,
모두모두 나와서
개굴개굴 개굴개굴
슬겁게 놀아 보세.
신나게 놀아 보세.
개굴개굴 개굴개굴."

개구리들은 모두 신이 났어.

〈사회자 같은 목소리로〉

"다음은 이 호숫가에서 가장 유명한 의사 개구리를 소개하도록 하겠습니다. 이 의사 개구리로 말할 것 같으면 모든 병의 치료법을 다 알고 있는 아주아주 훌륭한 개구리입니다! 자, 나오십시오."

사회를 보던 개구리가 의사 개구리를 소개했단다. 늙은 개구리는 잔뜩 으스대면서 자리에서 일어났지. 하지만 다리를 저는 것만은 숨길 수가 없었어.

이 광경을 지켜보고 있던 당나귀가 말했단다.

〈빈정대는 말투로〉

"이봐, 의사 개구리! 자신의 병도 고치지 못하는 주제에 어떻게 남의 병을 고칠 수 있지?"

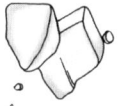

창/의/성/을/길/러/주/는/이/야/기
80. 소금을 지고 가는 당나귀

알맹이

등장 인물 : **당나귀**　구연 예상 시간 : **3분 50초**

> 소금을 지고 가던 당나귀가 물에 빠졌습니다. 그 바람에 소금이 녹아 짐이 가벼워졌지요. 그 후 당나귀는 솜을 지고 강을 건너게 되었는데 일부러 빠졌습니다. 물 무게까지 합쳐진 솜은 당연히 더 무거워졌습니다.
> 자기 꾀에 자기가 넘어간 것이지요. 잔꾀를 부리지 말고 성실하게 사는 것이 바른 삶의 자세라는 것을 깨달았으면 좋겠네요.

날마다 물건을 운반하는 당나귀 한 마리가 있었단다.

어느 날 그 당나귀는 무거운 소금짐을 지게 되었어. 소금이 잔뜩 들어 있는 자루가 얼마나 무거웠던지 힘센 당나귀도 다리가 휘청거렸어.

힘들어서 헉헉대며

"힘들다, 힘들어! 언제쯤이면 이 일을 안 하게 될까? 아, 힘들다."

당나귀는 한숨을 쉬었단다.

그런데 마침 그 앞에 강물이 흐르고 있었어.

"이제 이 강만 건너면 된단다. 당나귀야, 힘을 내거라, 이랴, 이랴!"

주인이 채찍으로 당나귀 엉덩이를 때렸어.

당나귀는 비틀거리며 강물 속으로 들어갔단다. 그러다가 그만 물에 빠지고 말았어.

허우적거리며

"어푸, 어푸, 당나귀 살려! 어푸어푸."

당나귀는 한참 동안이나 물 속에서 버둥거리다가 간신히 밖으로 나올 수 있었어.

그런데 갑자기 이상한 일이 생긴 거야.

그렇게 무겁던 짐이 아주 가벼워졌지 뭐니?

당나귀가 강물에 빠져서 허우적거리는 동안, 소금이 물에 녹아 버렸기 때문이야. 그런데 당나귀는 그것도 모르고 당황하고 있었어.

> 신기하여 고개를 갸우뚱거리며

"어떻게 된 일이지? 강물에 빠지고 나니까 짐이 아주 가벼워졌네. 신기하기도 해라."

당나귀는 기분이 좋아서 콧노래가 저절로 나왔단다.

> 곡을 붙여 노래를 불러 줍니다.

강물은 요술쟁이

무거운 짐을 가볍게 해.

강물은 요술쟁이

날 도와 주는 요술쟁이.

그리고 얼마 후에 당나귀는 다시 솜을 지고 가게 되었어. 가벼운 솜은 부피만 클 뿐 사실 그다지 무겁지는 않았지. 당나귀도 별로 힘들지 않게 짐을 나를 수 있었단다.

그런데 강둑에 다다르자 당나귀는 꾀가 난 거야.

`즐거운 듯이`

"옳거니!"

당나귀는 아주 기뻤단다.

지난번에 그렇게 무거운 소금짐도 물에 빠지니까 가볍게 되었는데, 이렇게 가벼운 솜이 물에 빠지면 거의 무게를 느낄 수 없을 거라고 생각했던 거지.

그래서 당나귀는 일부러 비틀거리다가 물에 빠졌단다.

`깜짝 놀라며`

"어? 이게 어떻게 된 거지?"

당나귀는 깜짝 놀랐어. 솜이 물을 잔뜩 빨아들여서 몇 배로 무거워졌던 거지.

`한심스럽다는 듯 주먹으로 가슴을 치며`

"짐이 너무 무거워서 도저히 일어날 수 없네. 내가 그만 내 꾀에 넘어가고 말았구나."

당나귀는 강물에서 빠져 나오려고 갖은 애를 썼지만 소용없었단다.

무거운 솜짐을 진 당나귀는 힘들게 걸음을 옮길 수밖에 없었어.

V

도덕성을
길/러/주/는/이/야/기

도/덕/성/을/길/러/주/는/이/야/기
81. 말과 당나귀

알맹이

등장 인물 : **착한 농부, 말, 당나귀** 구연 예상 시간 : **3분 30초**

사람마다 자기의 욕심을 비우고 살아갈 수만 있다면 세상은 참 아름답고 살기 좋은 곳이 될 것입니다. 그런데 그게 쉽지 않지요? 사람은 거의 본능적으로 자신의 이익과 안일만을 생각하게 되니 말입니다.

농부가 말과 당나귀의 등에 무거운 짐을 똑같이 나누어 싣고 길을 가고 있었습니다. 말은 당나귀에 비해 몸집도 훨씬 크고 힘도 세어서 문제 없었지만 당나귀는 그렇지 못했어요. 당나귀가 말에게 도움을 청해 보지만 말은 거절합니다. 결국 당나귀는 죽게 되고 당나귀가 지고 가던 짐과 당나귀의 가죽까지 말이 지게 되지요.

옛날, 시골 마을에 착한 농부가 살고 있었어. 그런데 이 농부는 무척 가난했단다. 착한 농부가 가지고 있는 건 단지 말 한 마리와 당나귀 한 마리뿐이었거든.

농부는 하는 수 없이 이 마을 저 마을을 떠돌아다니면서 장사를 했어. 그래서 항상 말과 당나귀의 등에는 장사를 하기 위한 많은 물건이 실려 있었단다.

어느 날 농부는 말과 당나귀의 등에 물건을 싣고 다른 마을로 가고 있었어.

> 힘들고 지친 목소리로

"얘들아, 빨리빨리 가자꾸나. 그래야 이 물건을 다 팔 게 아니니?"

농부가 말과 당나귀의 엉덩이를 두드리며 말했어.

그런데 그 날 따라 길도 험하고 등에 진 짐도 평소보다 많았단다. 그래서 걷기가 힘들었어.

농부는 짐을 똑같이 절반으로 나누어 말과 당나귀의 등에 실었지. 말은 덩치도 크고 힘도 세었기 때문에 별로 힘들지 않았어. 하지만 몸집도 작고 힘이 없는 당나귀는 몹시 힘들었단다. 가만히 서 있는 것조차 힘들었거든. 거기에 험한 산길을 걸어 봐. 어떨 것 같니? 힘들겠지.

참다 못한 당나귀가 말을 쳐다보면서 애원했어.

> 힘없이

"말아, 제발 부탁이야. 내 짐을 좀 덜어 주면 안 되겠니? 내가 지금 너무 지쳐서 걸어갈 수가 없구나. 제발 부탁해."

그러자 말은 벌컥 화를 내면서 말했단다.

> 버럭 화를 내며

"무슨 소리야? 나도 힘들어 죽겠는데."

말은 당나귀의 부탁을 냉정하게 거절했어. 당나귀는 하는 수 없이 다시 걸었단다. 산길은 가도 가도 끝이 없었어.

"헉헉, 아, 숨이 차구나. 이제 더 이상은 못 걷겠어."

지칠 대로 지친 당나귀는 말에게 다시 한 번 부탁했단다.

"말아, 미안한데 조금만 도와 줘. 그러면 나중에 나도 널 도와 줄게."

그러나 말은 들은 체도 안 했단다.

"흥, 나중은 무슨 나중이야. 나는 혼자서도 얼마든지 할 수 있다구."

당나귀는 하는 수 없이 다리를 절룩거리며 계속 걸었어.

"헉헉, 아유, 힘들어."

신음 소리가 저절로 나왔지.

그러다가 당나귀는 얼마 걸어가지 못하고 그만 쓰러져서 죽고 말았단다. 불쌍하지? 얼마나 힘들었으면 그랬겠니?

농부는 깜짝 놀라서 말했어.

당황해하며

"이런, 당나귀가 죽어 버렸네. 내가 당나귀에게 너무 많은 짐을 실었나?"

농부는 당나귀가 지고 있던 짐을 모두 말에게 옮겨 실었단다. 그리고 당나귀의 가죽을 벗겨서 말 등에다 얹었지.

결국 말은 처음보다 몇 배나 무거운 짐을 지고 걸어가게 되었던 거야.

말은 힘든 걸음을 옮기면서 중얼거렸단다.

한숨을 길게 쉬며

"당나귀의 짐을 덜어 줄걸! 그런데 기회를 놓치고 말았구나. 이제 된통 당하게 되었어. 당나귀의 짐을 덜어 주기를 싫어하다가 이제 모든 짐을 나 혼자 떠맡게 생겼으니 말이야. 게다가 당나귀의 가죽까지 짊어지고 가다니, 휴우."

도/덕/성/을/길/러/주/는/이/야/기

82. 말과 마부

알맹이

등장 인물 : **마부, 말**   구연 예상 시간 : **3분**

욕심 많은 마부가 주인 몰래 말 먹이를 조금씩 빼돌렸습니다. 날이 갈수록 말은 야위어 갔고 주인에게 들킬까 봐 겁이 난 마부는 하루 종일 말을 빗질하고 손질하며 윤기를 내려고 애를 씁니다. 참다 못한 말이 자신을 윤기나게 하려면 먹이를 제대로 달라고 하자 마부는 기겁을 하고 도망을 간다는 이야기입니다.

우리가 아무도 모를 거라고 생각하면서 하는 일, 아주 비밀스러운 일도 알고 보면 누군가는 알고 있지요. 말 못 하는 짐승이라고 해서 그 앞에서 함부로 하면 안 됩니다. 정직하고 올바르게 사는 것이 가장 좋다는 것을 알려 주세요.

어느 마을에 아주 욕심이 많은 마부가 살고 있었단다. 마부는 말을 돌보는 사람을 가리키는 말이야.

그 마부는 말을 돌보면서도 항상 어떻게 하면 주인으로부터 더 많은 돈을 받을 수 있을까 하고 고민했지.

> 손에 턱을 괴고 고민하는 척하세요.

'나는 부자가 되고 싶어. 어떻게 하면 우리 주인이 가지고 있는 돈을 더 뜯어 낼 수 있을까?'

시간 날 때마다 이런 생각만 했어. 정말 욕심꾸러기지 않니?

그러던 어느 날 마부는 한 가지 꾀를 생각해 냈단다.

> 음흉하게

"옳지, 그러면 되겠구나."

마부는 마침내 방법을 생각해 냈어.

그건 말이야. 주인이 말에게 먹이라고 준 보리를 조금씩 몰래 빼돌리려는 거였어. 그걸 다른 곳에 팔면 돈을 벌어들일 수 있다고 생각한 거였지. 정말 나쁜 사람이지 않니? 말은 이제 쫄쫄 굶게 생겼지.

그 날부터 마부는 빼돌린 보리를 팔아서 약간의 돈을 벌게 되었단다.

> 돈을 세는 흉내를 내세요.

"천 원, 이천 원, 삼천 원……."

돈이 늘어날 때마다 마부는 덩실덩실 춤이라도 추고 싶었어.

> 덩실덩실 어깨를 들썩이며

"하하하, 기분 좋다."

그런데 한 가지 문제가 생겼어. 마부가 날마다 보리를 조금씩 빼돌려서 팔아먹었기 때문에 말이 먹을 보리가 부족했던 거야.

날이 갈수록 말은 점점 야위어 갔고 털에 윤기가 없어졌단다. 눈이 쑥 들어간 게 꼭 병든 말처럼 보였어.

> 당황해하며

"이를 어쩌지? 말이 자꾸만 마르네."

마부는 걱정이 되었어. 주인이 말을 본다면 보리를 제대로 먹이지 않았다는 사실이 금방 들통날 것이 뻔했거든.

마부는 보리를 빼돌려서 팔아먹은 것을 보충하기 위해 노력했어.

하루 종일 말을 손질하고 빗질해서 털에 윤기가 흐르도록 하려고 애썼지. 그러면서도 욕심 많은 마부는 계속 보리를 빼돌렸단다.

열심히 빗질을 한다고 해서 말이 예전 모습을 되찾을 수는 없지 않겠니? 문제는 먹이가 부족한 것인데 겉만 가지고 그러면 뭘 하냔 말이야.

말은 여전히 빼빼 말라 갔어. 그럴수록 마부는 더 열심히 빗질을 해댔지.

마부가 지나치게 빗질하는 것을 참다 못한 말이 어느 날 한 마디 했어.

> 다 알고 있다는 듯 빈정거리며

"마부님, 당신이 나를 진심으로 때깔 좋은 말로 만들기를 원한다면, 보리를 많이 주세요. 그 보리는 우리 주인님이 나에게 먹이라고 준 거 아닌가요?"

마부는 깜짝 놀랐단다. 말이 그 사실을 알고 있으리라고는 짐작도 못 했거든.

> 당황해서 말을 조금씩 더듬으며

"저, 저, 네가 어, 어떻게 그걸 알았지?"

마부는 빗질을 하던 손을 벌벌 떨었어.

말은 '휘이잉' 콧소리를 내면서 마부의 엉덩이를 뻥, 걷어찼단다.

> 화가 나서

"내가 왜 몰라요? 나도 다 눈이 있고 귀가 있다고요. 마음도 있고요. 욕심꾸러기 마부는 필요 없어요."

한쪽 구석에 나뒹굴어진 마부는 엉덩이를 문지르며 천천히 일어났단다. 그러고는 천천히 마구간을 걸어 나갔지.

도/덕/성/을/길/러/주/는/이/야/기
83. 까마귀와 비둘기

알맹이

등장 인물 : **까마귀, 비둘기**   구연 예상 시간 : **3분 40초**

이솝 우화에서 까마귀는 거짓을 상징하는 새입니다. 색깔이 검어서 그렇겠지요.
이 이야기에서도 까마귀는 비둘기들의 모이가 탐이 나서 몸에 회색 물감칠을 하고 비둘기장에 들어가 모이를 먹습니다. 배불리 먹은 까마귀는 신이 나서 소리를 지르다가 들키고 맙니다. 소리까지 물감으로 칠할 수는 없었겠지요.
비둘기장에서 쫓겨난 까마귀는 다시 친구들이 있는 곳으로 돌아가지만 비둘기처럼 회색칠이 된 까마귀를 비둘기로 오해한 친구들은 받아들이지 않습니다.
어떤 경우에라도 정직하지 못한 것은 이렇게 나쁜 결과를 가져오지요. 아이들에게 까마귀가 왜 곤경에 처하게 되었는지 물어 보고, 앞으로 어떻게 하면 좋을지도 생각해 보게 하여 서로 생각을 나누어 보세요.

어느 햇볕이 따뜻한 오후였단다. 까마귀 한 마리가 비둘기장 주위를 지나가고 있었어. 비둘기들은 맛있는 모이를 쪼아 먹고 있는 중이었지.

군침을 꿀꺽 삼키며

"아, 맛있겠다. 배도 고픈데 저걸 먹을 수 있다면 얼마나 좋을까?"

까마귀는 비둘기 모이가 탐이 나서 침을 삼키며 바라보았단다.

> 곰곰이 생각하는 말투로

"어떻게 하면 저 모이들을 빼앗을 수 있을까?"

까마귀는 곰곰이 생각해 보았어.

그러다가 까마귀는 한 가지 꾀를 떠올렸단다. 그게 뭔지 아니? 까마귀 색깔이 무슨 색깔이지? 검정색이잖아.

까마귀는 가까운 농가로 날아갔어. 마침 벽을 칠하려고 준비해 놓은 물감통이 있는 거야. 자세히 봤더니 회색 물감이었어.

> 즐거운 말투로

"하늘이 나를 돕는구나."

까마귀는 물감통에 쏙 들어갔단다. 그리곤 푸드덕푸드덕, 날갯짓을 했어. 한참 동안이나 말이야. 물감통에서 나와서 날개를 보았더니, 세상에나! 까마귀의 까만 깃털을 온데간데없고 비둘기처럼 회색빛이 된 거야.

> 얼굴에 웃음을 담고

"이렇게 하면 아무도 내가 까마귀인지 모를 거야. 큭큭큭!"

까마귀는 서둘러 비둘기장으로 날아갔어.

비둘기들은 여전히 옹기종기 모여서 먹이를 쪼아 먹고 있는 거 아니겠어?

"냠냠, 아유, 맛있다."

"세상에서 이것보다 더 맛있는 건 또 없을걸."

"냠냠냠."

비둘기의 말에 까마귀는 보기만 해도 입에 군침이 쫙 돌았지.

까마귀는 얼른 그들 틈으로 비집고 들어가 먹이를 먹기 시작했단다.

비둘기장 속에 있던 비둘기들은 아무도 까마귀가 있다는 사실을 눈치채지 못했어.

신이 난 까마귀는 열심히 모이를 주워 먹었어.

<입에 잔뜩 먹을 것이 들어 있는 말투로>

"냠냠냠, 정말 맛있다. 내가 이런 방법이 있다는 것을 왜 진작 몰랐을까?"

까마귀는 날개로 자기 머리를 한 대 쥐어박았지.

모이를 배불리 먹은 까마귀는 기분이 너무너무 좋았어. 세상에 부러울 것이 하나도 없었지. 그래서 자기도 모르는 사이에 우는 소리를 크게 내고 말았단다.

"까아악, 까아악, 깍깍깍."

비둘기들은 깜짝 놀랐어. 낯선 울음소리였거든. 비둘기들은 어떻게 우니? '구구구구구구구.' 하고 울잖아. '구구' 와

'깍깍'은 정말 다르잖아. 비둘기들은 까마귀를 노려보면서 소리쳤어.

> 화가 나서 잔뜩 벼르면서

"뭐야? 이건 까마귀잖아. 지금까지 우리 모이를 훔쳐 먹고 있었어. 나쁜 까마귀 같으니라고."

까마귀는 슬금슬금 눈치를 보며 뒷걸음질을 쳤지.

결국 까마귀는 비둘기장에서 쫓겨나고 말았단다. 까마귀는 어쩔 수 없이 까마귀 친구들이 있는 곳으로 돌아왔어. 그런데 이를 어쩌니. 친구들은 까마귀의 깃털 색깔을 보고 깜짝 놀랐어. 비둘기라고 생각했던 거야. 그래서 그 까마귀를 받아들이려고 하지 않았단다.

정말 슬픈 일 아니니?

> 퉁명스런 말투로

"비둘기가 왜 우리 무리에 끼어든 거야? 저리 가지 못해?"

까마귀들은 일제히 몰려와서 회색 까마귀를 마구 쪼아대기 시작했단다. 깜짝 놀란 까마귀는 상처를 입고 자기 친구들의 무리에서도 쫓겨날 수밖에 없었어.

비둘기와 까마귀의 음식을 모두 먹으려고 하던 욕심꾸러기 까마귀는 이렇게 해서 어느 쪽의 음식도 먹을 수가 없게 되었던 거지. 욕심꾸러기들은 이렇게 되는 거야.

도/덕/성/을/길/러/주/는/이/야/기
84. 고기를 물고 가는 개

알맹이

등장 인물 : 욕심 많은 개 한 마리　　**구연 예상 시간 : 4분**

　욕심 많은 개 한 마리가 고깃덩어리를 물고 다리를 건너다가 물 속에 비친 자신의 그림자를 보게 됩니다. 또다른 어떤 개가 자신보다 더 큰 고깃덩어리를 갖고 있는 것으로 착각한 개는 그 고깃덩어리를 빼앗기 위해 큰 소리로 짖다가 물고 있던 고깃덩어리를 물에 빠뜨리게 됩니다.
　아이가 남의 것은 남의 것으로 인정해 주고 내 것만 내 것으로 소유하는 청렴한 성품을 갖도록 잘 지도해야겠지요. 남의 것을 탐낼 때부터 불행은 시작되는 것일 테니까요.

　개 한 마리가 산길을 가고 있었단다.

　"아유, 배고파."

　며칠 동안 아무것도 먹지 못한 개는 어디 먹을 것이 없나 주위를 두리번거렸단다. 그런데 아무리 둘러보아도 먹을 것이라곤 없었어.

냄새 맡는 시늉을 하며

　"아유, 배고파. 킁킁! 킁킁!"

　개는 냄새도 맡아 보았지만 아무 소용이 없었어. 힘이 빠져서 걸음도 제대로 걸을 수 없었단다. 금방이라도 쓰러질 것만 같았지.

그렇게 얼마나 더 걸었을까? 어디선가 맛있는 냄새가 풍겨 왔단다.

"어? 이게 어디서 나는 냄새지?"

개는 서둘러 냄새가 나는 쪽으로 달려갔어. 갑자기 기운이 났던 거야.

깜짝 놀라며

"이게 웬 고기야?"

커다란 나무 밑에 고깃덩어리가 떨어져 있는 게 아니겠니? 개는 얼마나 기뻤는지 몰라. 커다란 고깃덩어리를 덥석 물었단다.

생각해 봐. 배에서는 계속 꼬르륵꼬르륵 소리가 나는데 고깃덩어리를 발견했으니 얼마나 좋았겠니. 그것도 아주 커다란 것으로 말이야.

"오늘은 정말 재수가 좋군. 고기를 먹게 되다니! 이게 대체 얼마 만이야?"

개는 고깃덩어리를 물고 신이 나서 달려갔어. 당장이라도 뜯어 먹고 싶었지만 꾹 참았지.

'집에 가서 맛있게 뜯어 먹어야지.'

생각만 해도 군침이 절로 돌았단다.
입에 고깃덩어리를 물고 한참을 달려가던 개는 숨이 너무 찼어.

숨이 찬 듯이 헉헉대며

"헉헉헉, 아이, 숨차!"
개는 숨을 몰아쉬며 천천히 걸음을 옮겼어. 맛좋은 고깃덩어리를 먹을 생각을 하면서 말이야.

아주 즐거운 듯이 얼굴에 미소를 담고

'아, 정말 신나는데.'
산길을 돌아 나오자 개의 눈앞에 시냇물이 나타났어. 그 위에는 다리가 놓여 있었는데, 그 곳을 지나야만 집으로 갈 수 있었단다.
'아, 이제 거의 다 왔구나.'
개는 숨을 돌린 후, 다리를 천천히 건너갔어.
다리를 건너던 개는 문득 강물이 흐르는 다리 밑을 내려다보게 되었단다. 그런데 이게 웬일이니? 다리 밑에는 자기보다 더 큰 고깃덩어리를 물고 있는 개가 있는 거야.

의아해하며

"어? 저 개도 고깃덩어리를 물고 있잖아."
개는 눈이 동그래졌어.

개는 자신의 모습이 강물에 비춰진 것도 모르고 다리 밑의 개가 물고 있는 고깃덩어리에 욕심이 났단다.

> 간사한 말투로

'저녀석의 고깃덩어리가 더 크잖아? 저것을 빼앗아야지. 그런데 어떻게 하면 빼앗을 수 있을까?'

다리 위의 개는 어떻게 하면 강물에 비친 개의 고깃덩어리를 빼앗을 수 있을까 궁리했어. 곰곰이 생각하는 개의 머릿속에 좋은 생각이 번쩍 떠올랐어.

> 눈을 반짝이며

'옳지. 그렇게 하면 되겠구나.'

큰 소리로 위협해야겠다고 생각했던 거야.

"컹컹! 크엉컹!"

그 순간 입에 물고 있던 고깃덩어리가 강물로 떨어지고 말았단다. 다리 위의 개는 깜짝 놀라서 강물을 보았어. 강물에 비친 개의 입에서도 고깃덩어리가 사라져 버리고 없다는 것을 발견했지.

> 실망하고 속상한 듯이

"뭐야? 내 고기가 떨어졌잖아."

결국 개는 욕심을 부리다가 가지고 있던 고깃덩어리마저 잃어버리고 만 거야.

도/덕/성/을/길/러/주/는/이/야/기
85. 장난꾸러기 양치기

알맹이

등장 인물 : **양치기 소년, 마을 사람들**   구연 예상 시간 : **4분 20초**

양을 치던 소년이 심심해서 늑대가 나타났다고 거짓말을 했습니다. 일을 하던 마을 사람들은 각자 몽둥이를 들고 달려왔다가 허탈해서 돌아갔습니다. 신이 난 소년은 며칠 후 또 거짓말을 했습니다. 이번에도 마을 사람들이 달려왔다가 화를 내며 돌아갔습니다. 세 번째는 진짜로 늑대가 나타났지만 아무도 오지 않았습니다. 거짓말쟁이 양치기 소년의 말을 이제 누가 믿겠어요? 양들은 모두 늑대에게 잡혀갔죠. 양치기 소년이 다시 믿음을 회복하려면 어떻게 하면 좋을지 아이들과 이야기를 나누어 보세요.

마을에서 조금 떨어진 언덕에서 양을 기르는 소년이 있었어. 그 양치기 소년은 아주 장난꾸러기였단다.

양치기 소년은 매일 혼자 양을 돌보는 일이 몹시 심심했어. 정말 심심했을 거야. 혼자 있으면 누구나 심심하잖니? 더구나 장난꾸러기가 매일 그렇게 혼자 있었으니 왜 안 그렇겠니?

골똘하게 생각하는 듯이

'뭐 신나고 재미있는 일이 좀 없을까?'

참다 못한 양치기 소년은 골똘히 생각해 보았단다.

'음음, 옳지! 그렇게 하면 좋겠다.'

그러다가 좋은 방법을 하나 떠올린 거야.

양치기 소년은 마을 사람들이 깜짝 놀라도록 다급한 목소리로 힘껏 소리쳤어.

> 다급하면서 큰 소리로

"늑대다! 늑대가 나타났어요! 늑대가 나타났어요!"

이 소리를 들은 마을 사람들은 양들을 구하기 위해 저마다 몽둥이를 들고 허둥지둥 언덕으로 뛰어올라왔단다.

> 깜짝 놀란 말투로

"어디, 어디야?"

"늑대가 어디 있지?"

마을 사람들이 다급한 목소리로 물었어. 몽둥이를 마구 휘두르는 사람들도 있었지.

> 배를 잡고 웃으며

"하하하. 하하하."

장난꾸러기 양치기 소년은 그 모습을 보고 배를 움켜잡고 웃었단다. 정말 나쁜 양치기 소년인 것 같지 않니? 바쁘게 일하는 어른들을 놀리다니.

> 얼굴에 장난스런 웃음을 담고

"늑대는 나타나지 않았어요. 그냥 연습으로 한번 해 본 거예요. 하하하.”

양치기 소년은 웃으며 말했단다.

"늑대는 없다고요. 하하하!"

마을 사람들은 어이가 없었어. 그러나 어쩌겠니? 터덜터덜 다시 마을로 내려갔지.

그리고 며칠이 지난 어느 날 오후였어. 양치기 소년은 또 장난기가 발동했단다.

"늑대다. 늑대가 나타났어요. 도와 주세요! 도와 주세요!"

양치기 소년은 다급한 목소리로 또 외쳤어.

열심히 일을 하던 마을 사람들은 깜짝 놀랐어. 이번에도 하던 일을 멈추고 언덕으로 올라갔단다. 양치기 소년을 돕기 위해서 말이야.

그러나 아무리 주위를 둘러보아도 늑대의 모습은 보이지 않았어.

장난스러운 목소리로

"이번에도 연습이었어요. 하하하, 모두들 정말 빠르시네요. 야, 정말 재미있다."

양치기 소년이 웃으면서 말했지. 양치기 소년에게 또 속은 것을 안 마을 사람들은 몹시 화를 냈단다.

소리 높여 화를 내며

"도대체 바쁜 사람들에게 뭐 하는 짓이니?"

"넌 정말 나쁜 행동을 하는구나."

마을 사람들은 투덜대며 마을로 내려갔단다.

그러던 어느 날이었어. 이번에는 정말로 늑대들이 나타났단다. 사나운 늑대들은 양 떼들을 마구 잡아갔어.

양치기 소년은 다급한 목소리로 마을 사람들을 향해 큰 소리로 외쳤단다.

> 몹시 급한 목소리로

"늑대가 나타났다! 늑대가 양들을 잡아가요."

그러나 마을 사람들은 아무도 나타나지 않았지.

> 울먹이며 처절하게

"정말이에요! 정말로 늑대가 나타났다고요. 제발 도와주세요!"

양치기 소년은 목이 터지도록 사람들을 불렀어. 그래도 한 사람도 양치기 소년을 도와 주러 오지 않았단다. 양치기 소년이 또 장난을 하고 있다고 생각한 거지.

> 비웃는 말투로

"우리가 또 속을 줄 알고."

결국 거짓말을 하던 양치기 소년은 양들을 모두 잃어버리고 말았지 뭐니.

도/덕/성/을/길/러/주/는/이/야/기
86. 황금알을 낳는 암탉

알맹이

등장 인물 : 암탉을 기르는 남자   구연 예상 시간 : 3분 20초

한 남자가 하루에 한 알씩 황금알을 낳는 암탉을 기르고 있었습니다. 그 암탉 덕분에 남자는 큰 부자가 되었죠. 이쯤에서 만족하고 가진 것으로 베풀며 살았다면 이 남자는 아마 자손 대대로 부와 명예를 누리며 행복하게 살았을 것입니다. 문제는 욕심이었죠. 암탉의 배를 가른 것입니다. 그 안에 많은 황금알이 있으리라 기대했지만 아무것도 없었습니다. 후회해도 이미 때가 늦은 거지요.

한 남자가 암탉 한 마리를 기르고 있었어.

그런데 그 암탉은 보통 암탉이 아니었단다. 황금알을 낳는 아주 특별한 닭이었지.

홰를 치며 울어 대는 것처럼

"꼬꼬댁 꼬꼬, 꼬꼬댁 꼬꼬."

이런 울음소리를 낼 때면 번쩍번쩍 빛나는 황금알을 하나씩 낳는 거였어.

남자는 암탉을 아주 정성스럽게 길렀단다.

생각해 봐. 하루에 황금알을 한 알씩 낳는 특별한 닭이었으

275

니 왜 안 그랬겠니?

남자는 날마다 정성을 다해서 암탉을 돌보았단다.

"밥 먹을 시간이다. 어서 밥 먹어라!"

이렇게 먹이도 꼭꼭 시간을 맞추어서 주었지. 혹시 어디 아프지는 않을까, 다치지는 않을까, 아기 돌보듯 암탉을 돌보았단다.

암탉도 날마다 황금알을 하나씩 꼬박꼬박 낳아서 남자를 기쁘게 해 주었어.

그 덕분에 남자는 큰 부자가 될 수 있었단다. 황금알을 팔아 집도 사고, 옷도 사고, 맛있는 음식도 해 먹을 수 있었지.

> 사랑스러운 말투로

"오! 사랑스럽기도 하지. 넌 나의 보배야."

남자는 황금알을 낳는 암탉을 보기만 해도 기뻤어.

그러던 어느 날 갑자기 이런 생각이 들었단다.

> 음흉한 표정과 말투로

'저 암탉은 황금알을 하루에 한 개씩만 낳잖아. 하지만 저 암탉의 뱃속에는 수많은 황금알이 가득 들어 있을 거야. 그걸 한꺼번에 꺼내서 내다 팔면 나는 큰 부자가 될 수 있을 텐데.'

여기까지 생각한 남자는 욕심이 생겼단다.

<손뼉을 딱, 치며>

'그래, 알을 하나씩 낳기를 기다리지 말고 암탉을 잡아서 뱃속에 든 알을 모두 꺼내야지.'

그 남자는 곧 암탉을 잡아서 배를 갈랐어. 암탉의 뱃속이 어땠을까? 궁금하지?

암탉의 주인도 무척 궁금했나 봐. 서둘러 암탉의 뱃속을 들여다보았단다. 그러나 많은 황금알이 들어 있을 거라고 생각했던 암탉의 뱃속은 다른 암탉과 똑같았어.

"아니, 이게 뭐야? 아무것도 없잖아."

남자는 너무 기가 막혔어.

"아, 이제 난 어쩌면 좋단 말인가!"

자리에 털썩 주저앉아 죽은 닭을 붙잡고 흔들어 봤지만 소용 없는 일이었어.

그렇게 해서 암탉은 죽어 버렸고, 그 남자는 이제 더 이상 황금알을 가질 수 없게 되었지 뭐니.

암탉의 주인은 너무나 속이 상해서 엉엉 울었단다.

<모든 걸 포기한 목소리로>

"아! 나는 왜 이렇게 어리석단 말인가. 큰 욕심을 부리다가 아무것도 얻을 수 없게 되고 말았구나."

그렇지만 후회해도 아무 소용이 없었지.

도/덕/성/을/길/러/주/는/이/야/기
87. 훔친 물건 빼앗기

> **알맹이**
>
> 등장 인물 : **늑대, 사자**   구연 예상 시간 : **2분 40초**
>
> 늑대가 양 한 마리를 훔쳐서 집으로 가져가다가 사자에게 빼앗겼습니다. 양을 놓고 도망가던 늑대는 속이 상해서 왜 남의 것을 빼앗느냐고 소리쳤습니다. 그러자 사자는 늑대가 양을 훔친 것을 탓하며 콧방귀를 뀝니다. 내가 스스로 착한 행동을 해야 남을 탓할 수도 있겠죠?

사나운 늑대 한 마리가 있었어.

이 늑대는 틈만 나면 언덕 아래 있는 양 떼들에게 다가가 잡아먹을 기회만을 엿보고 있었단다.

음흉한 목소리로

"살이 통통하게 오른 것이 내 입맛에 딱 맞겠어. 언제쯤 잡아먹을 수 있을까?"

그러나 양 떼들 주변에는 양치기와 양치기 개가 눈을 똑바로 뜨고 지키고 있었기 때문에 늑대가 쉽게 접근할 수 없었지.

그러기를 몇 달이 지났어.

어느 날 늑대는 드디어 양치기와 양치기 개의 눈을 속이고,

무리에서 벗어난 어린 양 한 마리를 잡을 수 있었단다.

"요놈! 내가 얼마나 기다렸는 줄 아느냐? 쩝쩝."

늑대는 입맛을 다시며 말했어.

"살려 주세요. 살려 주세요."

양이 벌벌 떨며 말했지만 어림없는 소리였지. 모처럼 잡은 맛좋은 먹이를 놓아 줄 늑대가 아니었으니까.

늑대는 몹시 배가 고팠지만 모처럼 잡은 먹이를 성급하게 먹고 싶지는 않았어. 안전한 장소에서 마음놓고 식사를 즐기고 싶었지. 그래서 어린 양을 자신의 굴까지 끌고 가기로 했단다.

'즐거운 식사를 위해서는 조금만 참아야지.'

늑대는 어린 양을 물고 걸음을 재촉했어.

그런데 그 때였어. 눈앞에 커다란 사자가 나타난 거야.

> 분위기를 험악하게 잡고

"어흥!"

역시 먹이를 찾고 있던 사자는 무시무시한 소리를 지르면서 늑대에게 덤벼들었지.

> 사자처럼 무서운 분위기로

"살고 싶거든 그 양을 내놓아라. 아니면 너까지 몽땅 잡아 먹을 테다!"

늑대는 양을 빼앗기는 것이 너무나 아까웠단다.

그러나 도저히 사자를 이길 수 없었던 늑대는 양을 버려 두고 달아나는 수밖에 없었지.

얼마 동안 정신 없이 달아나던 늑대는 더 이상 사자가 쫓아오지 않는 것을 알고 걸음을 멈추었어. 비록 목숨은 무사히 건질 수 있었지만, 힘들게 잡은 양을 사자에게 빼앗긴 것이 억울하고 분해서 견딜 수가 없었단다.

<억울해서 가슴을 치며>

"아! 정말로 분통 터지는 일이구나. 내가 어떻게 잡은 양인데……."

늑대는 조금이라도 분을 풀기 위해 사자가 쉽게 쫓아오지 못할 정도의 거리까지 다가갔어.

그리고 그 곳에서 사자에게 불평을 늘어놓았단다. 그렇게라도 해야만 기분이 좀 풀릴 것 같았거든.

<화를 내며 큰 소리로 외치듯이>

"그건 내가 힘들게 얻은 먹이란 말입니다. 어떻게 남의 것을 함부로 빼앗을 수 있는 겁니까? 그건 나쁜 일입니다."

그 소리를 들은 사자는 기가 막히다는 듯 코웃음을 치면서 말했어.

"그렇게 말하는 너는 이 양을 훔친 게 아니라 친구로부터 선물이라도 받았단 말이냐?"

도/덕/성/을/길/러/주/는/이/야/기
88. 쇠똥구리의 분노

알맹이

등장 인물 : 토끼, 쇠똥구리, 독수리   **구연 예상 시간 : 3분 10초**

　자신보다 작고 힘이 없다고 무시하면 안 됩니다. 쇠똥구리가 화가 나면 자신보다 훨씬 힘이 센 독수리도 이길 수 있답니다.
　독수리에게 쫓기던 토끼가 쇠똥구리에게 도와 달라고 부탁합니다. 쇠똥구리는 독수리에게 토끼를 살려 달라고 간절히 부탁하지만 독수리는 무시하고 토끼를 잡아먹습니다. 이에 격분한 쇠똥구리는 독수리가 알을 낳기만 하면 해코지를 합니다. 견디다 못한 독수리는 신들의 왕인 제우스를 찾아가서 부탁하고 그 무릎에서 알을 낳지만 쇠똥구리는 그 곳까지 쫓아가 해코지를 하고 맙니다. 결국 독수리는 쇠똥구리가 있는 계절에는 절대로 알을 안 낳는다고 합니다. 아이들에게 자신보다 힘이 약하다고 무시하거나 얕보는 행동이 좋지 않다는 것을 가르쳐 주세요.

어느 날 독수리 한 마리가 토끼를 쫓고 있었단다.
"큰일났네. 어쩌면 좋아."
토끼는 죽을힘을 다해 뛰었지만 독수리를 이길 수는 없었어.

위험에 처한 토끼는 누군가에게 도움을 청하기 위해 주위를 둘러보았단다. 그러나 작은 쇠똥구리 한 마리밖에는 보이지 않았어.

토끼는 하는 수 없이 쇠똥구리에게 말했단다.

<울먹이며 애절하게>

"제발 저를 도와 주세요. 독수리가 저를 잡아먹으려고 해요."

그러자 쇠똥구리가 토끼를 쳐다보면서 말했어.

<작고 귀여운 목소리로>

"걱정하지 마세요. 제가 한번 독수리에게 부탁해 보겠어요."

마침내 독수리가 토끼를 낚아챌 수 있는 거리까지 다가왔어. 그러자 쇠똥구리는 독수리에게 다가가 간절하게 부탁했단다.

<귀여운 목소리로 간절하게>

"독수리님, 이번 한 번만 토끼를 살려 주세요. 제발 부탁이에요. 이번 한 번만 토끼를 살려 주세요."

하지만 몹시 배가 고팠던 독수리는 쇠똥구리의 부탁이 우스웠어. 작은 게 까분다고 생각했지.

그러고는 독수리는 한입에 토끼를 잡아먹었단다.

<입술을 깨물면서 다짐하듯>

'어디, 두고 보자. 내 꼭 복수를 하고야 말겠다.'

그 때부터 쇠똥구리는 독수리에게 원한을 품게 되었단다.

그래서 쇠똥구리는 독수리가 둥지를 트는 곳이라면 어디든지 악착같이 쫓아다니기 시작했어.

〈괘씸하다는 말투로〉

"저 조만한 게 나를 괴롭히네. 나 참 가소로워서."

독수리는 자신의 알이 없어지는 게 마음이 아팠지만 어쩔 수 없었어. 이를 물고 참을 수밖에 없었던 거야.

하는 수 없이 독수리는 알을 낳을 때마다 쇠똥구리를 피해 다른 곳으로 옮겨다녀야 했단다.

"흥! 그런다고 내가 모를 줄 알았나 보지?"

쇠똥구리는 악착같이 따라다니며 해코지를 했지.

견디다 못한 독수리는 제우스를 찾아갔단다.

〈간절하게 애원하면서〉

"마음놓고 새끼를 기를 수 있는 안전한 곳을 찾아 주세요!"

독수리는 아주 간절하게 애원했어.

제우스는 독수리가 자신의 무릎 위에서 알을 낳을 수 있도록 허락해 주었단다. 거기보다 더 안전한 곳이 어디 있겠니?

〈아주 우습다는 말투로〉

"네가 어디를 가도 나를 피할 수는 없어. 내가 작다고 날 우습게 여겼지. 작은 게 얼마나 힘이 센지 보여 줄 테다."

쇠똥구리는 포기하지 않고 독수리의 알을 깨뜨릴 방법을 생각했지. 쇠똥구리는 똥을 굴려서 동그랗게 만든 다음, 하늘로 올라가서 제우스의 무릎 위에다가 똥을 떨어뜨렸단다.

제우스 신은 자기도 모르는 사이에 벌떡 일어나 쇠똥을 털어 내려고 했어. 그 바람에 독수리의 알은 땅바닥으로 떼구르르 떨어져서 또 깨지고 말았단다.

실망한 투로

"뭐야? 거기도 안전한 곳이 아니잖아."

독수리는 울먹였단다.

그 다음부터 독수리들은 쇠똥구리가 나타나는 계절에는 절대로 알을 낳지 않는다는구나.

도/덕/성/을/길/러/주/는/이/야/기
89. 염소와 당나귀

알맹이

등장 인물 : **염소, 당나귀, 농부, 수의사**   구연 예상 시간 : **3분**

염소와 당나귀가 있었어요. 염소는 늘 맛있는 먹이를 더 많이 먹는 당나귀에게 샘이 났죠. 그래서 당나귀에게 아픈 척하고 일을 하지 말라고 꼬십니다. 그러면 주인이 자기에게 기대를 하고 먹이를 더 많이 줄 거라고 생각한

> 것이지요. 그러나 결과는 정반대였어요. 수의사가 염소의 간이 당나귀에게 약이라고 하자 염소를 희생시켰지요. 자기 꾀에 자기가 넘어간다는 속담이 있습니다. 바로 이런 경우를 두고 하는 말이지요.

어떤 농부가 염소와 당나귀를 기르고 있었어.

농부는 항상 당나귀에게 염소보다 많은 먹이를 주었단다. 왜냐하면 당나귀는 늘 많은 일을 했거든.

염소는 맛있는 먹이를 많이 먹는 당나귀가 너무나 부러웠단다. 염소는 자기에게 먹이를 조금밖에 주지 않는 주인과 늘 맛있는 먹이를 많이 먹는 당나귀에 대해 점점 불만이 많아졌어.

불만스러운 표정으로

"당나귀 녀석, 힘만 세면 다야? 자기만 그렇게 많이 먹다니! 나도 주인에게 신선한 우유를 주는데 나에게는 왜 먹이를 조금밖에 안 주는 거야?"

염소는 당나귀가 일을 열심히 하지 않으면 주인이 먹이를 주지 않을 거라고 생각했어. 그래서 당나귀를 쳐다보면서 말했지.

걱정해 주는 척하며

"당나귀야, 너는 쉴새없이 무거운 맷돌을 돌리고 또 짐을 날라야 하는구나! 얼마나 힘들겠니?"

"그래도 어쩔 수 없어. 내가 해야만 하는 일인걸. 걱정해 줘서 고마워."

당나귀는 아무렇지도 않은 듯이 말했어.

> 음흉하게 꼬시듯이

"만약 네가 병에 걸린 척하고 쓰러지면 주인은 한참 동안 너에게 일을 시키지 않을 거야. 안 그래?"

염소의 말을 들은 당나귀는 솔깃해졌어. 그럴 듯했거든. 그래서 그렇게 해 보기로 마음먹었지.

그 날 저녁이었어. 당나귀는 염소의 말대로 병에 걸린 것처럼 꾀를 부렸어.

"아유, 머리야. 머리가 아파 죽겠네."

그리고는 바닥에 푹, 쓰러졌단다. 끙끙 앓는 소리까지 내면서 말이야.

염소는 그 모습을 보고 좋아서 손뼉을 쳤지.

> 손뼉을 치며 좋아하는 말투로

'와, 신난다! 주인은 이제 일을 하지 못하게 된 당나귀를 포기할 거야. 그리고 당나귀 대신 나에게 맛있는 먹이를 많이 주겠지?'

이제 어떻게 되었겠니?

> 이어질 이야기를 아이에게 상상해 보게 하고 말할 기회를 주세요.

주인은 수의사를 찾아갔단다.

그리고 어떻게 하면 당나귀의 병을 치료할 수 있는지 물어 보았어.

"이 당나귀는 아주 귀한 당나귀랍니다. 꼭 고칠 수 있도록 해 주십시오."

주인은 아주 간절하게 말했어.

수의사는 당나귀를 정성껏 진찰했단다.

"이 당나귀의 병을 고치려면 염소의 간을 달여서 먹여야 합니다. 그러면 금방 건강을 되찾아서 다시 일할 수 있을 것입니다."

주인은 당나귀를 살리기 위해 염소를 기꺼이 희생시켰다는 구나.

도/덕/성/을/길/러/주/는/이/야/기
90. 꿀벌과 제우스 신

알맹이

등장 인물 : 꿀벌, 제우스 신   **구연 예상 시간 : 2분 50초**

풍요로워진 환경에서 부족함 없이 자라는 요즘 아이들은 점점 이기적이 되어 가는 것 같습니다. 아쉬운 게 없다 보니 서로 나누어야 할 필요를 느끼지 못하는 것이지요. 어쩌면 나눌 기회가 없어서 나눈다는 게 무엇인지 그 의미조차 모르는 것일지도 모릅니다. 이 이야기를 통하여 나누고 사는 일이

> 자신에게 얼마나 유익한 일인지 깨닫도록 해 주세요.
> 　꿀벌이 있었습니다. 꿀벌들은 열심히 꿀을 모으고, 사람들은 그 꿀벌들을 잘 보살피며, 또 그들이 모아 온 꿀로 제우스 신에게 바치면서 서로서로 평화롭게 살고 있었습니다. 그런데 어느 날부터인가 꿀벌들은 자신들이 모아 온 꿀을 사람들이 자꾸만 가져가는 것이 불만스럽기 시작했습니다. 그래서 제우스를 찾아가 사람들을 혼내 줄 힘을 달라고 부탁했고 제우스는 꿀벌에게 쏘고 나면 자신의 생명을 대가로 주어야 하는 침을 주었습니다.

꿀벌 알지? 옛날에는 꿀벌에게 침이 없었어. 꿀벌은 그저 부지런히 날아다니며 달콤한 꿀을 모으면서 살아가는 곤충이었을 뿐이야.

> 바쁜 듯 서두르며

"아유, 바쁘다, 바빠!"

"빨리빨리 서둘러."

"여기도 꿀, 저기도 꿀. 이 꿀을 다 따자면 하루가 모자라겠네."

꿀벌은 아침부터 저녁까지 꿀을 모으기 위해 꽃밭을 날아다녔단다. 그리고 그 꿀을 정성껏 집에다가 모아 두었어.

"이제 조금만 더 모으면 가득 차겠네."

"그러니 오늘은 더 많이 모아 오자."

꿀벌들은 날마다 꿀을 많이 모으겠다는 다짐을 하고 일을 하러 나갔어.

그런데 꿀벌이 아무리 열심히 꿀을 모아도 집에는 꿀이 가득 차지 않는 거야. 꿀벌이 어느 정도 꿀을 모아 놓으면 사람들이 와서 그 꿀을 조금씩 꺼내 갔거든.

그 대신 사람들은 꿀을 모으는 꿀벌을 아주 소중하게 여기고 잘 보살펴 주었어.

> 서로 목소리를 달리 하여

"조심해요, 조심! 꿀벌들 다쳐요."
"내년엔 꿀벌들을 위해서 꽃도 더 많이 심어야겠어요."
"그거 좋은 생각이군요."

그리고 꿀벌로부터 얻은 달콤한 꿀을 신들에게 바치면서 감사의 기도를 올렸단다. 이렇게 꿀벌과 사람은 평화롭고 사이좋게 살았어.

그런데 어느 날부터인가 꿀벌들은 차츰차츰 사람들이 와서 애써 모은 꿀을 꺼내 가는 것이 싫어졌단다. 사람들이 얄미웠던 거야.

> 속상해서 얼굴을 찡그리면서

"아무리 열심히 꿀을 모으면 뭐 해? 사람들이 자꾸 꺼내 가니까 우리만 손해잖아."
"맞아맞아. 이제 더 이상 이렇게 살기 싫어."

꿀벌들은 속이 상해서 견딜 수가 없었어. 그렇다고 해서 사람들이 꿀을 가져가지 못하도록 막을 수도 없는 거고. 그래서 꿀벌들은 자신들에게도 스스로를 지킬 수 있는 무기가 있어야겠다고 생각하게 되었단다.

그래서 곧장 제우스를 찾아갔어.

"제우스님, 우리에게도 좋은 무기를 주십시오. 우리 집을 건드리는 사람들을 혼내 주고 싶습니다. 그렇지 않으면 더 이상 꿀을 모으지 않겠습니다."

제우스는 자기 것을 조금도 나누어 주려고 하지 않는 꿀벌들이 미웠단다.

> 근엄하고 위엄 있게

"좋다. 너희들의 소원을 들어주겠다. 그 대신 너희들은 그것에 대한 대가를 치르게 될 것이다."

제우스는 꿀벌들에게 침을 내려 주었어.

그러나 꿀벌들은 꿀을 지키기 위해 누군가를 쏘고 난 다음에는 반드시 목숨을 잃게 되었던 거야.

도/덕/성/을/길/러/주/는/이/야/기
91. 나무꾼과 헤르메스

> **알맹이**
>
> 등장 인물 : **나무꾼, 헤르메스, 나무꾼의 친구**   구연 예상 시간 : **3분 30초**
>
> 　나무꾼이 나무를 하러 갔다가 연못에 도끼를 빠뜨려서 울고 있었습니다. 그 때 헤르메스 신이 나타나 사정을 듣고 금도끼와 은도끼를 차례로 가져왔으나 나무꾼은 자신의 것이 아니라며 받지 않았습니다. 헤르메스는 나무꾼의 정직함에 도끼 세 개를 모두 주었고 나무꾼은 큰 부자가 되었습니다. 이 소식을 들은 욕심 많은 친구가 연못으로 달려갔습니다. 그러고는 일부러 도끼를 빠뜨리고 수작을 부렸지요. 그러나 그 행동을 괘씸하게 여긴 헤르메스 신은 욕심 많은 나무꾼의 도끼마저 돌려 주지 않았습니다.
> 　정직이라는 덕목은 아무리 강조해도 부족한 것 같습니다. 욕심 많은 친구가 어떻게 하면 자신의 도끼를 되찾을 수 있을지 아이에게 물어 보고 이야기를 나누어 보세요.

　나무꾼이 나무를 베다가 그만 잘못해서 도끼를 물 속에 빠뜨렸단다.

깜짝 놀라며 슬픈 목소리로

　"아이고 내 도끼! 어쩌면 좋아. 아이고 내 도끼, 하나밖에 없는 도끼인데."

　나무꾼은 어쩔 줄 몰라 그 자리에 털썩, 주저앉았어.

　날마다 나무를 해야만 먹고 살 수 있었던 나무꾼은 앞이 깜깜했지.

땅을 치고 한탄하며

　"아이고 내 도끼, 엉엉엉! 아이고 내 도끼, 엉엉엉!"

　나무꾼은 도끼를 빠뜨린 연못을 보면서 목놓아 울고 있었어. 그런데 그 때 마침 헤르메스가 나무꾼의 슬픈 울음소리를 들었단다.

> 산신령처럼 근엄하게

"너는 무엇 때문에 울고 있느냐?"

나무꾼은 헤르메스를 보자, 서러움이 북받쳐올라 눈물을 뚝뚝 흘리며 대답했어.

"저는 도끼로 나무를 베어서 먹고사는 가난한 나무꾼입니다. 그런데 그만 실수로 연못에 도끼를 빠뜨리고 말았습니다. 흑흑흑."

나무꾼의 신세가 몹시 불쌍하다고 생각한 헤르메스는 연못 속으로 들어가 금도끼를 들고 나왔단다.

"이것이 네 도끼냐?"

헤르메스는 나무꾼에게 번쩍번쩍 빛나는 금도끼를 보여 주면서 물었어.

> 살래살래 고개를 흔들며

"아닙니다."

헤르메스는 다시 은도끼를 보여 주며 물었지.

"그럼, 이것이 네 도끼냐?"

> 더욱 살래살래 고개를 흔들며

"그것도 저의 도끼가 아닙니다."

이번에도 나무꾼은 아니라고 대답했어. 헤르메스는 다시 연못으로 들어가 쇠도끼를 가지고 나왔어.

"그렇다면 이것이 너의 도끼냐?"

반가워서 손뼉을 치며

"그렇습니다. 쇠도끼가 바로 저의 도끼입니다."

헤르메스는 나무꾼의 정직한 태도에 깊이 감동했지. 그래서 나무꾼에게 금도끼, 은도끼, 쇠도끼 세 가지를 모두 선물로 주었단다.

정직한 나무꾼은 금도끼와 은도끼를 팔아서 큰 부자가 되었어.

그 소식을 듣고 나무꾼의 친구가 찾아왔어. 그는 아주 욕심꾸러기였지.

눈을 가늘게 뜨면서

"자네는 어떻게 해서 그렇게 부자가 되었나?"

나무꾼은 모든 이야기를 들려주었단다. 욕심 많은 친구는 그 말을 듣고 다 망가진 도끼를 들고 서둘러 산 속에 있는 연못으로 달려갔어.

그러고는 자신의 도끼를 일부러 연못에 던져 버리고 목놓아 울기 시작했단다.

우스꽝스럽게 억지로 울며

293

"아이고, 내 도끼! 아이고 내 도끼! 나는 이제 어떡하라고. 아이고 내 도끼!"

그러자 이번에도 헤르메스가 나타났어.

"너는 무엇 때문에 울고 있느냐?"

> 억지로 우는 척하며

"연못에 도끼를 빠뜨려서 울고 있습니다요. 흑흑흑."

그러자 헤르메스는 번쩍번쩍 빛나는 금도끼를 보여 주면서 물었어.

"이 도끼가 네 것이냐?"

> 박수를 치며 좋아하면서

"맞습니다요. 그것이 바로 제가 잃어버린 도끼입니다요."

욕심 많은 친구는 금도끼를 얼른 받으려 했지. 헤르메스는 그의 뻔뻔스러움에 화가 나서 금도끼를 주기는커녕 쇠도끼도 돌려 주지 않았단다.

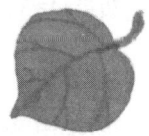

도/덕/성/을/길/러/주/는/이/야/기

92. 고양이와 수탉

> **알맹이**
>
> 등장 인물 : **고양이, 수탉**　구연 예상 시간 : **2분 30초**
>
> 고양이가 수탉을 잡아먹기 위해 이런저런 구실을 댑니다. 수탉은 그 구실에 대해 변명을 하고 구실이 궁색해진 고양이는 결국 자신이 배가 고프다는 진짜 이유를 말하게 됩니다. 아이들은 이런 고양이를 어떻게 생각할까요? 아이들의 생각을 들어 보세요.

배고픈 고양이가 있었단다.

두리번두리번 돌아보며

"어디, 먹을 것이 좀 없을까?"

고양이는 집 주위를 살금살금 돌아다녔어. 그러다가 수탉을 발견했단다.

"옳지. 잘 됐다. 저 수탉을 잡아먹으면 되겠구나."

고양이가 수탉을 잡아서 날카로운 발톱으로 목을 짓눌렀지. 고양이에게 잡아먹힐 위기에 처한 수탉은 애절한 목소리로 말했단다.

애절하게

"고양이님, 나는 당신에게 잘못한 일이 하나도 없습니다. 그런데 왜 나를 잡아먹으려고 하는 거죠?"

고양이는 수탉을 잡아먹을 수 있는 그럴듯한 이유를 대고 싶었어. 그래서 한참 생각하다가 이렇게 말했지.

수탉과 반대로 굵고 씩씩한 목소리로

"너는 쓸데없이 한밤중에 일어나서 시끄럽게 울어 대잖아. 너는 사람들의 단잠을 깨우는 귀찮은 존재야."

수탉은 그것에 대해 할 말이 많았단다.

"하지만 그것은 사람들에게 일을 하러 나가는 시간을 알려 주기 위한 것입니다. 그러니까 그건 오히려 사람들에게 도움이 되는 행동 아닌가요?"

고양이는 수탉을 잡아먹기 위해 다른 핑계를 대야만 했어. 그래서 다시 궁리한 끝에 이렇게 말했지.

"너는 달걀도 못 낳으면서 주인이 주는 모이만 축내잖아. 그러니 너는 아무 쓸데가 없다."

그러나 수탉은 이번에도 그 이유를 설명했단다.

"제가 모이를 많이 먹는 것은 오직 주인에게 봉사를 하기 위한 것입니다. 제가 몸이 튼튼해야만 암탉들이 더 많은 달걀을 낳을 수 있으니까요. 병아리들도 태어날 수 있고요."

고양이는 더 이상 수탉을 잡아먹을 수 있는 이유를 댈 수가 없었단다.

그래서 이렇게 말했지.

> 두 손을 펼쳐 잡아먹는 시늉을 해 보입니다.

"그래? 네가 어떻게 변명해도 달라지는 건 없어. 그렇다고 해서 내가 이대로 쫄쫄 굶고 있을 수는 없으니까……."

도/덕/성/을/길/러/주/는/이/야/기

93. 사람을 만든 프로메테우스

알맹이

등장 인물: **프로메테우스, 제우스**   구연 예상 시간: **2분 50초**

제우스가 프로메테우스에게 땅 위에서 살 사람과 동물들을 만들게 했습니다. 그런데 동물에 비해서 사람들이 너무 적었습니다. 제우스는 동물들의 일부를 사람으로 바꾸라고 했습니다. 그러나 영혼까지 바꿀 수는 없었지요. 그래서 지금도 모습은 사람인데 마음은 동물인 사람이 있다는 이야기입니다.
사람의 부덕함을 꾸짖는 이야기지요.

프로메테우스는 지혜가 뛰어나고 미래에 대한 예지력을 가지고 있었단다. 게다가 그는 솜씨가 좋아서 무엇이든 만들지 못하는 것이 없었지.

아주 오래 전에는 이 세상에 풀과 나무만이 자라고 있었어. 제우스 신은 그런 세상이 너무 허전한 것 같아 프로메테우스를 불러 명령했단다.

▶ 신처럼 신비로운 목소리로

"땅 위에서 살아갈 사람과 동물들을 만들도록 하시오."

프로메테우스는 제우스의 명령에 따라 부드러운 진흙으로

사람과 동물을 정성껏 만들었단다.

　화려한 깃털의 공작새, 목이 긴 기린, 줄무늬 얼룩말, 하늘을 날아가는 독수리, 날카로운 발톱을 가진 호랑이……. 프로메테우스는 자신의 상상력을 마음껏 발휘해서 저마다 다른 모양과 특징을 지닌 온갖 동물들을 만들었지.

　그리고 제일 마지막으로 사람을 만들었어. 하지만 여러 종류의 동물들에 비해 사람은 자연히 그 숫자가 적을 수밖에 없었단다.

　제우스 신은 사람에 비해서 동물의 수가 너무 많다고 생각했어. 하지만 이미 만들어 놓은 동물들을 없애 버릴 수는 없었기 때문에 다시 명령을 내렸지.

　"동물들이 너무 많구나. 동물들 중의 일부를 사람으로 바꾸는 것이 좋겠다."

　프로메테우스는 제우스의 명령대로 이미 만들어진 동물들을 사람으로 바꾸었단다. 그래서 원래는 돼지나 닭, 원숭이, 사자처럼 동물이었지만 나중에 사람으로 바뀌게 된 사람들이 생겨났던 거야.

　그러나 아무리 솜씨 좋은 프로메테우스라고 하더라도 동물의 모습은 사람으로 바꾸었지만 동물의 영혼까지 사람의 영혼으로 바꿀 수는 없었지.

그래서 겉모습은 사람이면서 마음은 동물인 사람들이 가끔 있단다.

주위를 잘 살펴 봐. 먹을 것에 유난히 욕심을 부리는 사람이 있을 거야. 그 사람은 어쩌면 돼지였다가 사람이 된 사람일 거야. 또 유난히 아침에 일찍 일어나는 사람이 있을 거야. 유난히 소리도 크고. 그 사람은 아마도 닭이 아니었을까? 재주를 잘 부리는 사람도 우리 주위에는 많단다. 사람을 잘 웃기는 사람도 있지. 그 사람들은 아마 원숭이가 아니었을까? 상상만 해도 재미있지 않니?

도/덕/성/을/길/러/주/는/이/야/기

94. 배신자

알맹이

등장 인물 : **두 친구, 곰**   구연 예상 시간 : **2분 50초**

어려울 때 힘이 되는 좋은 친구를 갖는다는 건 정말 행복한 일이지요. 누구나 그런 친구를 갖고 싶어할 겁니다. 어떤 경우에도 변하지 않는 진실한 친구 말입니다. 그러나 그런 친구는 흔하지 않아요. 사람은 간사해서 급하면 입장을 잘 바꾸기도 하지요.

> 두 친구가 여행을 하다가 곰을 만났습니다. 그런데 곰을 먼저 발견한 한 친구가 자기만 살겠다고 나무 위로 도망을 갔습니다. 다급해진 나머지 한 친구는 바닥에 납작 엎드렸다가 살아나지요. 그러나 이미 신의를 져 버린 친구와 다시 다정해질 수 있을지 모르겠네요.
> 서로 도와야 하며 어떤 경우에도 신의를 저버리면 안 된다는 걸 아이가 깨달았으면 좋겠네요.

먼 길을 함께 여행하는 두 친구가 있었어.

그들은 정답게 이야기를 주고받으면서 길을 걸어갔단다.

<두 사람 목소리에 구분을 주고>

"자네 같은 친구를 두어 정말 기쁘다네."

"그건 나도 마찬가질세."

"앞으로도 우리 잘 지내보자고."

"당연하지. 그걸 어디 말이라고 하나."

두 친구는 마주 보고 다정하게 웃었지.

그러던 어느 날 그들은 울창한 숲 속을 지나가게 되었어.

그런데 갑자기 나무 사이에서 커다란 곰이 으르렁거리며 나타나는 게 아니겠니?

"으르릉, 왕! 으르릉, 왕!"

곰은 두 친구를 향해 달려들었어.

<다급하게 소리치며>

"앗, 곰이다!"

먼저 곰을 발견한 사람은 재빨리 나무 위로 올라갔단다.

"아니! 이를 어쩌지?"

뒤늦게 곰이 나타난 사실을 알고 혼자 남은 나머지 한 사람은 어쩔 줄을 몰라 했어. 어떻게 해서든 위기를 넘겨야 한다고 생각했지.

"에라, 모르겠다."

하는 수 없이 땅바닥에 납작 엎드린 채 죽은 척했단다.

곰은 땅 위에 죽은 듯이 엎드린 남자에게 다가가서 한참 동안이나 코를 킁킁거리며 냄새도 맡아 보았어. 이리저리 살펴보기도 했지.

하지만 그 남자는 숨을 멈춘 채 꼼짝도 하지 않았어.

킁킁거리며 냄새를 맡기도 하고 이리저리 살피는 시늉도 합니다.

"벌써 죽어 버렸잖아."

곰은 어슬렁거리다 그냥 가 버렸단다. 곰은 원래 죽은 시체는 건드리지 않거든.

곰이 멀리 가 버린 것을 보자, 그 때까지 나무 위에서 꼼짝도 하지 않던 친구가 비로소 슬금슬금 내려왔단다. 그리고 땅 위에 엎드려 있던 친구를 보고 쑥스러운 듯 미소를 지으면서 물었어.

머뭇거리며

"조금 전에 곰이 자네 귀에 대고 무슨 말을 했지?"

그러자 그 친구가 퉁명스러운 목소리로 대답했단다.

"위험한 순간에 혼자만 살려고 달아나는 의리 없는 친구와는 두 번 다시 만나지 말라고 했다네."

그 말을 들은 나무에 올라간 친구는 얼굴을 붉히며 아무 말도 할 수 없었단다. 너무 부끄러웠던 거야. 그리고 두 친구는 각기 따로 길을 갔어.

도/덕/성/을/길/러/주/는/이/야/기
95. 나이팅게일과 제비

알맹이

등장 인물 : 나이팅게일, 동네 꼬마들, 제비   **구연 예상 시간 : 3분 20초**

집집마다 처마 밑에 나이팅게일이 둥지를 틀고 아름다운 노래를 부른다고 상상해 보세요. 마치 지금도 시골집에 있는 제비집처럼 말입니다. 정말 멋시지 않나요?

옛날에는 그랬답니다. 그런데 아이들이 그 노랫소리가 매일 듣고 싶어서 새장에 가두는 바람에 나이팅게일은 다시는 사람들이 사는 집 처마 밑에는 집을 짓지 않는다지요.

자연은 자연 그대로 두는 것이 가장 좋은 방법이라는 교훈입니다. 이 기회에 아이들에게 자연 보호에 관한 이야기도 살짝 들려주면 좋겠네요.

어느 집 처마 아래, 나이팅게일이 둥지를 틀었단다. 뜨거운 햇빛과 비를 피하는 데 처마보다 더 좋은 곳은 없었지.

처음 얼마 동안은 아무 걱정 없이 살 수 있었어. 기분이 좋은 나이팅게일은 둥지 안에서 매일 노래를 불렀단다.

그런데 근처에서 놀고 있던 동네 꼬마들이 나이팅게일의 노랫소리를 듣게 된 거야. 그 고운 노랫소리가 얼마나 신기했겠니? 가만히 듣고 있던 한 아이가 말했어.

> 어린 목소리로

"우와~ 너무 예쁜 노래다. 저 노래를 매일매일 들을 순 없을까?"

꼬마들은 궁리하기 시작했어. 한참 뒤에 한 아이가 다시 말했단다.

"참, 그러면 되겠구나! 얘들아, 저 새를 잡아서 새장에 가두자. 그러면 우리가 듣고 싶을 때마다 노래를 들을 수 있을 거야. 안 그래?"

"좋아, 좋아."

동네 꼬마들은 살금살금 나이팅게일에게 다가갔어. 나이팅게일은 아무것도 모르고 신나게 노래만 부르고 있었지. 그 사이, 아이들은 그물을 던져 새를 잡았단다.

하지만 아이들의 생각은 틀렸어. 새장에 갇힌 나이팅게일은 더 이상 아름다운 노래를 부르지 않았던 거야.

"새야, 노래 좀 불러 봐. 너의 아름다운 노래가 듣고 싶어서 널 여기에 가두었단 말이야."

"그래. 그 아름답던 노래를 왜 안 부르는 거니?"

아이들은 나이팅게일을 둘러싸고 졸랐단다. 그러나 나이팅게일은 꼼짝도 하지 않았어. 아무리 맛있는 먹이를 가져다 주어도 말이야.

훌쩍훌쩍 울면서 눈물을 닦는 흉내를 냅니다.

"아……, 나는 왜 바보같이 처마 아래 집을 지었을까? 난 너무 어리석었어. 그 때로 시간을 되돌릴 수는 없을까?"

그러던 어느 날이었단다. 아이들이 새장 속에서 새를 꺼내 데리고 놀다가 다시 새장 안에 넣었는데 잘못해서 새장 문이 살짝 열렸지.

"이 때다!"

나이팅게일은 소리를 지르며 다시 푸른 하늘로 날아갔단다. 그 뒤로 나이팅게일은 절대 처마 밑에 둥지를 틀지 않았어. 절대로 말이야.

어느 날, 친구인 제비가 나이팅게일을 찾아와 말했단다.

"너도 사람들이 사는 집 처마 밑에 둥지를 틀어 봐. 얼마나 편한지 몰라. 나무 위에 집을 짓는 것과는 비교도 안 될 만큼 좋다구."

고개를 살래살래 젓습니다.

"아니, 난 불행을 되살리고 싶은 마음이 조금도 없단다."
나이팅게일은 고개를 흔들었어.

도/덕/성/을/길/러/주/는/이/야/기
96. 죄인과 맹세의 신

알맹이

등장 인물 : 욕심 많은 사람, 맹세의 신   구연 예상 시간 : 3분 30초

어느 욕심 많은 사람이 친구의 돈을 빌려 쓰고 떼어먹으려고 하다가 법정에 서게 되었습니다. 법정에 서기 싫어진 욕심 많은 사람은 도망을 가려다가 길을 떠나는 맹세의 신을 만나게 됩니다. 그래서 다시 돌아와 거짓 맹세를 하지만 돌아온 맹세의 신에게 잡히고 말지요.
아이들에게 거짓 맹세를 하면 안 된다는 것을 자연스럽게 가르쳐 줄 수 있는 이야기입니다.

옛날에 욕심 많은 사람이 있었어.

이 욕심 많은 사람은 어느 날, 친한 친구에게 돈을 빌렸단다. 그리고 갚아야 할 때가 되었지만 그는 갚을 생각조차 하지 않았어. 떼어먹을 작정이었던 거지.

심통스런 말소리로

"빌려 쓸 때는 잘 썼는데 갚으려고 하니 왜 이렇게 아깝지? 아까워서 도저히 못 갚겠어."

욕심 많은 사람은 시치미를 뚝 떼고 빌린 돈을 갚지 않으려 했어.

화가 난 친구는 그를 고발했어.

'어떡하지? 법정에 서야 할 텐데…….'

욕심 많은 사람은 법정에 서는 것이 두려워서 어떻게 하면 좋을지 곰곰이 생각해 보았단다. 그러다가 시골로 숨어 버리는 것이 좋겠다고 생각했어.

"오늘 당장 떠나야겠군."

욕심 많은 사람은 짐을 챙겨 길을 나섰단다.

도시를 막 벗어나려고 할 때였어. 그는 성문에서 다리를 절뚝거리는 한 남자를 만났단다.

그래서 그 남자와 함께 걸어가면서 이야기를 나누었지.

"그런데 당신은 누구십니까?"

"나는 맹세의 신이오. 맹세를 어긴 사람에게 벌을 주는 신이지."

욕심 많은 사람은 가슴이 뜨끔했어. 그래서 아주 조심스럽게 물었지.

"지금 어디로 가는 중입니까?"

그러자 다리를 저는 남자가 대답했어.

> 위엄 있는 목소리로

"나는 지금 거짓 맹세를 하고 신의를 저버린 사람들을 찾기 위해 길을 가고 있소."

욕심 많은 사람은 깜짝 놀라서 다시 물었어. 아주 반가운 소식이었거든.

"그렇다면 언제쯤 다시 이 도시로 돌아오게 되나요?"

"30년이나 40년 후가 아닐까……."

맹세의 신이 대답했어.

그 말을 듣고 친구의 돈을 빌렸던 욕심 많은 사람은 곧바로 도시로 다시 돌아갔어. 맹세의 신이 멀리 떠났기 때문이야.

"이제는 마음놓고 거짓 맹세를 할 수 있을 거야."

마침내 재판이 열리는 날이 되었어. 욕심 많은 남자는 당당하게 재판장 앞에 섰지. 그리고 자신은 결코 돈을 빌린 적이 없다고 거짓 맹세를 했단다.

그러나 욕심 많은 사람의 말이 채 끝나기도 전에, 맹세의 신이 나타난 거야. 그리고 욕심 많은 사람을 낭떠러지로 끌고 가서 떨어뜨리려고 했단다. 그러자 욕심 많은 사람은 불만스러운 목소리로 항의했어.

> 아주 불만스러운 듯

"30년이나 40년 후에 돌아온다고 해 놓고 하루 만에 다시 돌아오는 게 어디 있습니까?"
그러자 맹세의 신은 이렇게 대답했단다.
"아무리 먼 곳에 있다고 하더라도 누가 나를 화나게 하면, 나는 그 날로 다시 돌아온다는 사실을 몰랐소?"

도/덕/성/을/길/러/주/는/이/야/기

97. 구두쇠

> 알맹이
>
> **등장 인물 : 구두쇠, 하인, 나그네   구연 예상 시간 : 4분**
>
> 돈을 모을 줄만 알았지 쓸 줄 모르는 구두쇠가 있었습니다. 혹시 재물을 잃어버리지나 않을까 늘 염려하던 구두쇠는 어느 날, 자신의 모든 재물을 금괴로 바꾸어 땅에 묻어 놓습니다. 그리고 날마다 그 곳에 가서 지켜보는 것을 즐거움으로 삼지요. 어느 날, 그 사실을 알게 된 하인이 금괴를 훔쳐서 도망을 가게 됩니다. 통곡하는 구두쇠에게 지나가던 나그네는 대신 돌을 묻어 놓고 보라고 합니다.
> 돈을 버는 일도 중요하지만 어떻게 쓰는가 하는 것도 그 못지않게 중요하지요. 이런 이야기를 통해 돈 관리를 어떻게 하는 것이 좋은지 짚어 주면 좋겠습니다.

재물을 목숨보다도 더 소중하게 여기는 구두쇠가 있었단다.

그 구두쇠는 얼마나 지독한지 자기 주머니에 한번 들어온 돈은 단 한푼도 쓰지 않고 계속 모으기만 했어. 그리고 항상 자신의 재물을 잃어버리지나 않을까 걱정하면서 살았단다.

<우스꽝스럽게>

"오! 내 보물단지. 내 보물단지."

이렇게 말이야.

그러던 어느 날 구두쇠는 자신의 모든 재산을 금괴로 바꾸어서 한 곳에 묻어 두었어. 그러면 도둑을 맞거나 잃어버리지 않을 거라고 생각했던 거지.

<손을 탁탁 털며>

"여기에 이렇게 묻어 두면 아무도 모를 거야. 땅 속에 금괴가 들어 있을 거라고 누가 생각하겠어."

구두쇠는 금괴가 든 땅을 보며 아주 흐뭇해했단다. 금괴가 마치 자기의 심장이라도 되는 것처럼 생각되었으니까. 그만큼 소중했지.

구두쇠는 날마다 보물이 묻혀 있는 곳으로 가서 흡족한 마음으로 금괴를 바라보다가 집으로 돌아오곤 했지.

"오늘도 잘 있었군. 오! 나의 금괴!"

구두쇠에게는 금괴를 바라보는 것이 인생의 유일한 행복이었단다.

그런데 우연히 하인 한 명이 그 광경을 보게 되었지 뭐니.

<고개를 갸우뚱거리며>

'어? 주인님이 저기서 뭘 하시는 거지? 저기에 무슨 보물 단지라도 들었나?'

하인은 거기에 어떤 물건이 묻혀 있는지 몹시 궁금했어. 왜 안 그랬겠니?

하인은 주인이 돌아가기를 숨어서 기다렸단다.

구두쇠가 드디어 일어섰어. 그는 자꾸만 돌아다보며 집 쪽으로 내려갔단다.

'저 곳에 뭔가 중요한 것이 묻혀 있는 게 분명해. 그렇지 않고서야 저 구두쇠 영감이 저럴 리 없지.'

하인은 몰래 가서 땅을 파 보았단다.

<땅을 파는 시늉을 하며>

"영차, 영차!"

<땀을 닦아 내며>

하인은 땀을 닦아 가며 한참이나 땅을 파야 했어.

드디어 구두쇠가 묻어 둔 금괴가 나타났단다.

"내 그럴 줄 알았지. 이게 웬 떡이냐?"

<도망가는 시늉을 하면서>

하인은 금괴를 가지고 멀리 도망가 버렸어. 걸음아, 날 살려라, 하고 말이야.

그 사실을 알게 된 구두쇠는 보물이 모두 사라진 텅 빈 구덩이를 보면서 통곡했지.

〈가슴을 치며 통곡하는 척〉

"아이구, 내 금괴! 아이구, 내 금괴! 난 이제 어쩌면 좋단 말이냐?"

마침 어느 나그네가 그 곳을 지나다가 구두쇠가 우는 모습을 보았단다.

"아니? 당신은 무슨 일을 당했기에 그렇게 슬프게 울고 있습니까?"

구두쇠는 자신의 억울하고 원통한 처지를 설명했어.

그러자 나그네는 이렇게 말했단다.

〈신중한 분위기로〉

"너무 슬퍼하지 마세요. 당신은 그 금괴를 가지고 있었지만 진짜로 가지고 있었다고는 할 수 없어요. 이제라도 돌멩이를 땅 속에 묻어 두고 금덩어리를 묻어 두었다고 생각하지 그러세요? 내가 보기에는 당신처럼 금괴를 묻어 두기만 한다면 금덩어리나 돌멩이나 마찬가지일 테니까요. 한번 마음을 바꿔 보세요."

도/덕/성/을/길/러/주/는/이/야/기
98. 여우와 나무꾼

> **알맹이**
>
> 등장 인물 : **여우, 사냥꾼, 나무꾼**   구연 예상 시간 : **3분 10초**
>
> 사냥꾼에게 쫓기던 여우가 나무꾼에게 애원하여 나뭇단에 숨습니다. 사냥꾼이 왔을 때 나무꾼은 손짓으로 여우가 있는 나뭇단을 가리키며 일러 주지만 사냥꾼은 눈치를 못 채고 그냥 지나갑니다. 이를 안 여우는 인사도 없이 가려고 하고, 나무꾼은 끝까지 도와 준 척 여우를 나무라지만, 여우는 언행이 다른 나무꾼을 오히려 나무랍니다.
> 나무꾼은 얼마나 부끄러웠을까요?

여우가 사냥꾼에게 쫓기고 있었단다.

숨을 헐떡이며

"헉헉, 걸음아, 날 살려라. 헉헉!"

여우는 젖 먹던 힘까지 다해 뛰었지.

정신 없이 도망치던 여우는 나무꾼을 발견했단다. 여우는 서둘러 그 곳으로 달려갔어.

"나무꾼님, 제발 저를 좀 살려 주세요."

나무꾼이 깜짝 놀라서 물었어.

"아니! 여우야, 왜 그러니?"

그러자 여우가 덜덜 떨며 말했단다.

> 거의 울먹이며

"전 지금 사냥꾼에게 쫓기고 있답니다. 제발 저를 좀 숨겨 주세요."

여우의 눈빛이 너무 애처로웠어.

"그렇다면 저 나뭇단 속에 들어가 있거라."

여우의 부탁을 거절하기 어려웠던 나무꾼은 고개를 끄덕이면서 말했단다. 여우는 나무꾼이 모아 놓은 나뭇단 속으로 들어가서 숨었지.

잠시 후에 사냥꾼이 나타났어.

> 숨을 헐떡이며

"혹시 이 근처에서 도망치는 여우를 못 봤습니까?"

> 손가락으로 뭔가를 가리키면서

"아니요, 전혀 보지 못했는데요."

나무꾼은 말은 그렇게 하면서도 손으로는 여우가 숨어 있는 나뭇단을 가리켰단다. 하지만 눈치 없는 사냥꾼은 나무꾼의 손짓이 무슨 뜻인지 미처 알아차리지 못했지.

"이 녀석이 어딜 갔지?"

사냥꾼은 여우를 잡기 위해 다시 숲 속으로 쏜살같이 달려갔단다.

사냥꾼이 사라진 후에 여우는 아무런 말도 하지 않고 나뭇단 속에서 나왔어. 그리고는 나무꾼의 곁을 지나 숲 속으로 도망치려고 했단다.

그것을 본 나무꾼이 큰 소리로 여우를 나무랐어.

"은혜도 모르는 여우로군. 자기 목숨을 구해 주었는데 고맙다는 인사도 하지 않고 그냥 가다니……."

그러자 여우가 돌아서면서 점잖게 말했단다.

"은혜도 모른다고요? 천만에요. 만약 당신의 말과 행동이 같았더라면 나는 기꺼이 당신에게 고맙다는 인사를 했을 거예요."

여우의 말을 듣고 나무꾼은 부끄러워서 얼굴을 들 수가 없었지.

도/덕/성/을/길/러/주/는/이/야/기

99. 사자가죽을 뒤집어쓴 당나귀

알맹이

등장 인물 : **당나귀, 여우**   구연 예상 시간 : **3분**

> 사자가죽을 주운 당나귀가 그 가죽을 쓰고 사자 행세를 했습니다. 그러나 눈치 빠른 여우에게 들키고 말지요. 목소리까지 숨길 수는 없었기 때문입니다. 드러나지 않는 거짓이란 없는 법입니다. 아무리 완벽한 것 같아도 다 탄로가 나게 마련이지요. 그런 의미에서 정직이라는 덕목은 아무리 강조해도 부족한 것 같습니다.

길을 가던 당나귀가 우연히 사자가죽을 주웠어.

`호기심이 가득한 분위기를 내며`

"어? 이게 뭐야? 사자가죽이잖아. 어디, 한번 써 볼까?"

당나귀는 사자가죽을 뒤집어쓴 채 산길을 걸어갔단다. 한번 상상해 봐. 얼마나 재미있었겠니?

그런데 놀라운 일이 벌어졌어.

`급하게 소리치며`

"어! 사자다. 도망가자!"

"뛰어라, 뛰어!"

당나귀가 지나갈 때마다 토끼와 사슴들이 허겁지겁 달아나는 거야. 게다가 평소에 그를 우습게 여기던 말이나 염소들도 꼬리를 감추고 숨어 버렸단다.

"와, 신난다! 어디, 누구 또 안 오나?"

당나귀는 너무너무 재미있었어.

마침 멀리서 여우가 다가오는 것이 보였단다. 당나귀는 여러 동물들 중에서도 특히 여우를 얄미워했어. 꾀 많은 여우는 심심할 때마다 당나귀를 괴롭히고 골탕먹였거든. 그래서 여우가 싫었지.

당나귀는 이번 기회에 복수를 해야겠다고 생각했어.

재미있어 죽겠다는 듯

"어디 혼 좀 나 봐라!"

당나귀는 사자가죽을 뒤집어쓴 채 여우가 가까이 다가오기를 기다렸단다.

"히히힝, 이히히히힝!"

그리고 가까이 다가온 여우를 향해 큰 소리로 울부짖었지. 죽어라 하고 도망갈 여우를 상상하면서 말이야.

"이크! 깜짝이야."

이 모습을 본 여우는 깜짝 놀라서 황급히 도망치려고 했어. 그러나 곧 사자 울음소리가 어딘가 이상하다는 것을 눈치챘지 뭐니?

당나귀의 목소리를 기억하고 있었던 여우는 그것이 사자가 아니라 당나귀라는 사실을 금방 알 수 있었단다.

여우는 의기양양하게 당나귀를 향해 말했어.

"당나귀야, 내가 너의 목소리를 기억하지 못했더라면, 나도 분명히 무서워서 달아났을 거야."

머쓱해진 당나귀는 여우의 말을 듣고도 가만히 있을 수밖에 없었단다.

도/덕/성/을/길/러/주/는/이/야/기
100. 당나귀와 수탉과 사자

알맹이

등장 인물 : **당나귀, 수탉, 사자**   구연 예상 시간 : **2분 40초**

농부의 집에 당나귀와 수탉이 살고 있었는데 어느 날, 사자가 와 당나귀를 공격합니다. 수탉은 큰 소리로 울어 대며 사자를 쫓아 내지요. 평소에 수탉보다 자신의 힘이 더 세다고 생각했던 당나귀는 사자가 자기 때문에 도망간 줄 알고 뒤쫓아가다가 잡히고 맙니다.

착각은 자유라지만 그 뒤의 책임은 피할 수 없는 모양입니다.

한 농부의 집에 당나귀와 수탉이 살고 있었단다.

당나귀와 수탉은 사이가 무척 좋았어. 하지만 당나귀는 은근히 자신이 더 잘나고 힘도 세다고 생각했지.

그러던 어느 날이었단다.

"냠냠, 맛있다."

"이것 좀 더 먹어."

둘은 다정하게 먹이를 먹고 있었지.

그런데 배고픈 사자가 농가까지 내려와서 당나귀를 공격하기 시작했단다.

> 험악한 얼굴로

"네가 오늘은 내 먹이가 되어 줘야겠다."

사자가 당나귀에게 다가왔어. 당나귀는 꼼짝없이 사자에게 물려 갈 판이 되어 버린 거지.

> 닭 울음소리를 들려줍니다.

"꼬끼요오! 꼬끼요오!"

그러자 수탉이 당나귀를 구하기 위해 커다랗게 울어 대기 시작했단다. 사자는 수탉의 울음소리에 그만 겁을 먹고 도망을 쳤지. 그 소리를 듣고 사람들이 몰려오면 큰일이잖아.

그러나 힘센 사자가 겨우 닭 울음소리 때문에 도망갈 리 없다고 생각한 당나귀는 사자가 자기 때문에 도망을 간 것이라고 믿게 되었단다. 기분이 우쭐해진 당나귀는 도망치는 사자의 뒤를 열심히 따라갔어.

> 큰 소리로 외칩니다.

"거기 서지 못해! 어디서 까불고 있어! 거기 서란 말이야!"

당나귀는 고래고래 소리를 지르며 사자 뒤를 쫓아갔단다. 아주 자신만만해져서 말이야.

이렇게 한참 동안이나 달려가던 당나귀와 사자는 마침내

수탉의 울음소리가 더 이상 들리지 않는 곳까지 이르렀어.

사자는 갑자기 당나귀를 향해 몸을 돌렸단다.

"잘 만났다. 내가 너 때문에 도망온 줄 아느냐?"

그리고 날카로운 이빨로 당나귀를 물어뜯었지.

당나귀는 죽어 가면서 자신의 어리석음을 한탄했단다.

"나는 참 멍청한 놈이야! 싸움을 싫어하는 조상 밑에서 태어난 내가 왜 싸움을 하려고 했을까?"